Editorial

Liebe Leserinnen, liebe Leser,

nun ist es soweit: Vor Ihnen liegt der Band 44 von »*Zeunert´s Schmalspurbahnen*«. In diesem Band finden Sie neben Meldungen von den Schmalspurbahnen in Deutschland, Österreich und der Schweiz fünf längere Vorbildbeiträge. Die Titelgeschichte ist der als »Wilder Robert« weithin bekannten Strecke Oschatz–Mügeln (b Oschatz)–Kemmlitz gewidmet. In den 1980er- und 1990er-Jahren besuchten zahlreiche Eisenbahnfreunde aus aller Welt diese liebenswerte Bimmelbahn in Nordsachsen, um hier die letzten Meyer-Maschinen der Baureihe 99^{51-60} (ex sächsische Gattung IV K) im Planeinsatz zu erleben. Im Gegensatz zu den anderen Schmalspurbahnen in Sachsen verkehrten hier aber seit 1975 nur noch Güterzüge. Doch mit den tiefgreifenden wirtschaftlichen und politischen Umwälzungen in den Jahren 1989/90 brach das Frachtaufkommen auf dem »Wilden Robert« förmlich zusammen. Die Stillegung drohte. Aber am 17. Dezember 1993 schrieb die Strecke als erste privatisierte Schmalspurbahn sächsische Eisenbahngeschichte. Nur so konnte der Erhalt der 17,1 km langen Verbindung gesichert werden. Heute ist der »Wilde Robert« wieder Vorreiter – durch den Einsatz eines Triebwagens im Personenverkehr. Ein ausführlicher Beitrage stellt die 1.000 mm-Fahrzeugsammlung von Wim Pater vor. Der Niederländer Wim Pater kauft seit zehn Jahren deutsche Schmalspurfahrzeuge mit 1.000 mm Spurweite. Inzwischen hat er eine der größten privaten Fahrzeugsammlungen in Europa zusammengetragen und einige Loks und Wagen aufarbeiten lassen. Weitere Vorbildthemen sind der kurzzeitige Einsatz der Einheitslok 99 7222-5 auf der Selketalbahn im Jahr 1987, und ein Doppeljubiläum in Österreich. Die Steiermärkischen Landesbahnen feiern hier im Herbst 2019 das 125-jährige Bestehen der Murtalbahn Unzmarkt–Murau–Mauterndorf. Der Club 760 »Verein der Freunde der Murtalbahn« wurde vor 50 Jahren gegründet. Ergänzt wird der neue Band durch die Vorstellung der wichtigsten Buch- und Modellbahnneuheiten.

Viel Freude beim Lesen dieser Ausgabe wünscht Ihnen Dirk Endisch

Inhalt

Titel:
099 705-6 stand am Morgen des 14. Oktober 1992 mit dem Ng 67882 im Bahnhof Oschatz.

Rücktitel:
Abendstimmung vor dem Lokschuppen in Mügeln (19.11.1992). Fotos (2): Dirk Endisch

April 1991: In wenigen Minuten werden 99 1584-4 und 99 1582-8 zum wohlverdienten Feierabend in den Lokschuppen der Est Mügeln einrücken. Zuvor wird aber bei 99 1584-4 noch der Kohlevorrat ergänzt. *Foto: D. Endisch*

Dirk Endisch

Roberts unruhige Jahre

Die Strecke Oschatz–Mügeln (b Oschatz)–Kemmlitz wurde als erste sächsische Schmalspurbahn am 17. Dezember 1993 privatisiert. Nur so konnte der Erhalt der 17,1 km langen Verbindung gesichert werden.

Oschatz im Frühjahr 1991: Silbern glänzen die Schienen in der Vormittagssonne. Vogelgezwitscher erfüllt die Luft. Plötzlich ertönt ein schriller Pfiff. Aus Richtung Mügeln nähert sich das unverwechselbare Schnaufen einer Gelenkdampflok der ehemaligen sächsischen Gattung IV K. Laut pfeifend und bimmelnd schleppt 99 1584-4 sieben beladene Rollwagen und einen Packwagen durch die Bahnhofsstraße in Oschatz. Heute ist der Nahgüterzug (N) 66959 seit Tagen wieder einmal sehr gut ausgelastet. Der Bremszettel weist für den insgesamt 32 Achsen starken Zug ein Gewicht von fast 280 t aus. Damit reichen die etwa 200 PS Leistung der Baureihe 99^{51-60} nicht aus, um die mit Kaolin beladenen Wagen über die 1 : 60-Steigung in den Bahnhof (Bf) Oschatz zu schleppen. Der Zug bleibt daher vor dem Einfahrsignal (Signal »N«) stehen. Mit zwei Pfiffen ruft der Meister der 99 1584-4 die Maschine, die im Bahnhof rangiert, zu Hilfe. Nur wenige Augenblicke später rollt 99 1568-7 am Stellwerk 3 vorbei und setzt sich vor die Zuglok des N 66959. Dann erklimmen die beiden Meyer-Maschinen mit vereinten Kräften die Steigung.

Noch ist dieses Schauspiel nichts ungewöhnliches für die Einwohner der Kreisstadt Oschatz und die Eisenbahnfreunde, die jetzt fast täglich entlang der 17,1 km langen Schmalspurbahn Oschatz–Mügeln (b Oschatz)–Kemmlitz anzutreffen sind. Alle wissen um die Probleme des »Wilden Roberts«, wie die Bimmelbahn im Volksmund genannt wird. Die Güterzüge werden immer kürzer. Die Deutsche Reichsbahn (DR) muss mangels Frachtaufkommen den Fahrplan weiter reduzieren. Hat der »Wilde Robert« nach fast 110 Jahren ausgedient?

Für Kohle, Kaolin und Zuckerrüben

Bereits 1845 gab es erste Bestrebungen, die von der Landwirtschaft geprägte Region zwischen Oschatz, Mügeln und Döbeln eisenbahntechnisch zu erschließen. Aber der Bau einer Strecke über Mügeln nach Leisnig und Ostrau scheiterte ebenso wie die im Jahr 1866 erörterte regelspurige Stichstrecke Oschatz–Mügeln, deren Finanzierung die Leipzig-Dresdner Eisenbahn-Compagnie (LDE) übernehmen sollte. Doch die LDE legte das Vorhaben

Bis zum Frühjahr 1991 war der am späten Nachmittag verkehrende N 66964 Oschatz–Mügeln planmmäßig mit zwei IV K bespannt. Am 8. April 1978 fuhren 99 1608-1 und 99 1566-1 mit dem N 66964 in Mügeln ein. Foto: Slg. K.-D. Baedermann

Am 31. März 1972 verließ 99 1584-4 mit einem Personenzug nach Mügeln den Bf Nebitzschen. Wenige Monate später, am 30. September 1972, stellte die DR den Reiseverkehr auf der Strecke Mügeln (b Oschatz)–Wermsdorf ein. Foto: Slg. K.-D. Baedermann

1869 endgültig zu den Akten. Drei Jahre später wurde der Bau einer Querverbindung zwischen den Magistralen Leipzig–Dresden und Riesa–Chemnitz erörtert. Die Strecke sollte von Lommatzsch über Ostrau, Mügeln und Wermsdorf nach Dahlen führen. Zeitweilig stand sogar eine Verlängerung der Querverbindung bis Torgau im Norden und Nossen im Südosten zur Debatte. Doch der so genannte Gründerkrach, der in Deutschland im Oktober 1873 mit dem Zusammenbruch der Quistorp´schen Vereinsbank in Berlin begann, vereitelte das ehrgeizige Vorhaben. Die durch den Gründerkrach ausgelöste Wirtschaftskrise verstärkte die Zweifel, ob sich die Investitionen für die geplante regelspurige Nebenbahn jemals amortisieren könnten. Aber die Kleinstadt Mügeln und die anderen Gemeinden in der Umgebung benötigten dringend einen Bahnanschluss, damit die einheimische Wirtschaft nicht noch weiter ins Hintertreffen geriet. Die drei wichtigsten Argumente für den Bahnbau waren Kohle, Kaolin und Zuckerrüben. Der Brennstoff musste vor allem von den Bahnhöfen in Oschatz und Döbeln mühsam mit Fuhrwerken oder Ochsengespannen zu den Kunden transportiert werden. Das dauerte jedoch zu lange und war vergleichsweise teuer. Dieses Problem hatten auch die Kaolingruben in und um Kemmlitz. 1816 wurden die reichen Kaolinvorkommen im Börtewitzer Becken entdeckt und ab 1839 für die weltberühmte Porzellanmanufaktur in Meißen abgebaut. Außerdem gewann auf den fruchtbaren Böden im Übergangsgebiet vom mittelsächsischen Bergland zur Nordsächsischen Tiefebene in den 1870er-Jahren der Anbau von Zuckerrüben immer weiter an Bedeutung. Doch die Feldfrüchte mussten nach wie vor auf der Straße zu den Zuckerfabriken transportiert werden. Angesichts dieser Entwicklung beantragte die Regierung des Königreichs Sachsen am 8. Dezember 1879 den Bau einer Nebenbahn von Oschatz über Mügeln nach Döbeln. Dieses Projekt scheiterte aber am Widerstand der 1. Kammer im Sächsischen Landtag. Nur wenige Tage später, am 24. Dezember 1879, erreichte den Landtag eine Petition, in der der Bau *»einer schmalspurigen Secundärbahn von (…) Döbeln über Mügeln nach Oschatz mit Flügelbahn von Mügeln nach Wermsdorf«* gefordert wurde. Gleichwohl vergingen noch mehr als zwei Jahre, bevor der Landtag am Abend des 17. Januar 1882 dem Bau einer

Die Strecken des Mügelner Schmalspurnetzes

Strecke Oschatz–Mügeln (b Oschatz)	Eröffnung	Einstellung Personenverkehr	Einstellung Güterverkehr	Bemerkungen
Oschatz–Mügeln (b Oschatz)	07.01.1885	27.09.1975	15.11.2001	Aufnahme des Schülerverkehrs am 03.08.1995; Wiederaufnahme des öffentlichen Personenverkehrs am 18.09.2000

Strecke Döbeln–Mügeln (b Oschatz)	Eröffnung	Einstellung Personenverkehr	Einstellung Güterverkehr	Bemerkungen
Döbeln–Döbeln Nord	01.11.1884	13.12.1964	30.09.1961	Gesamtstilllegung am 23.04.1968
Döbeln Nord–Gärtitz	15.09.1884	13.12.1964	30.09.1961	nur Güterverkehr; Personenverkehr ab 01.11.1884; Gesamtstilllegung am 23.04.1968
Gärtitz–Tronitz	15.09.1884	13.12.1964	31.12.1967	nur Güterverkehr; Personenverkehr ab 01.11.1884; Gesamtstilllegung am 23.04.1968
Tronitz–Mügeln (b Oschatz)	15.09.1884	13.12.1964	31.03.1968	nur Güterverkehr; Personenverkehr ab 01.11.1884; Gesamtstilllegung am 23.04.1968

Strecke Mügeln (b Oschatz)–Neichen	Eröffnung	Einstellung Personenverkehr	Einstellung Güterverkehr	Bemerkungen
Mügeln (b Oschatz)–Nebitzschen	01.11.1888	30.09.1972	15.11.2001	ab 27.09.1888 Güterverkehr auf dem Abschnitt Mügeln–Mahlis; Aufnahme des Schülerverkehrs auf dem Abschnitt Mügeln (b Oschatz)–Altmügeln am 03.08.1995; Wiederaufnahme des öffentlichen Personenverkehrs am 18.09.2000; ab 01.06.2005 nur noch Schülerverkehr
Nebitzschen–Glossen	01.11.1888	30.09.1972	30.09.1972	Wiederaufbau ab 18.05.2005; Wiedereröffnung am 21.04.2006
Glossen–Wermsdorf	01.11.1888	30.09.1972	30.09.1972	Gesamtstilllegung am 22.03.1973
Wermsdorf–Mutzschen	01.11.1888	27.08.1967	31.12.1969	Gesamtstilllegung am 16.06.1970
Mutzschen–Neichen	01.11.1888	27.08.1967	25.05.1968	Gesamtstilllegung am 31.05.1968

750 mm-Schmalspurbahn von Döbeln nach Mügeln zustimmte. Der Beschluss für die Strecke Oschatz–Mügeln (b Oschatz) folgte jedoch erst am 21. September 1883.

In der Zwischenzeit hatten die Königlich Sächsischen Staatseisenbahnen (K.Sächs.Sts.E.B.) mit den notwendigen Vorarbeiten begonnen. Die Kosten für den Bau der 31,27 km langen Verbindung Oschatz–Mügeln (b Oschatz)–Döbeln wurden auf über zwei Millionen Mark veranschlagt. Im Oktober 1883 begannen schließlich von Großbauchlitz aus, ab 8. Oktober 1933 als »Döbeln Nord« bezeichnet, die Bauarbeiten für den Abschnitt nach Mügeln. Da hier keine aufwändigen Kunstbauten und größeren Erdbewegungen – abgesehen von den Einschnitten bei Tronitz und Kiebitz – notwendig waren, gingen die Arbeiten gut voran. Bereits Mitte August 1884 waren die Bauarbeiten für den Abschnitt Mügeln (b Oschatz)–Döbeln beendet. Am 21. August 1884 traf ein so genannter Probezug im Bf Mügeln (b Oschatz) ein. Am 15. September 1884 gaben die K.Sächs.-Sts.E.B. die Strecke Mügeln (b Oschatz)–Döbeln für den Güterverkehr frei. Der offizielle Eröffnungszug verkehrte schließlich am 31. Oktober 1884. Einen Tag später nahmen die K.Sächs.Sts.E.B. den Personenverkehr auf.

Zu diesem Zeitpunkt stand auch der Abschnitt Oschatz–Mügeln (b Oschatz) vor seiner Fertigstellung. Hier gab es für die beiden Baukolonnen, die im Frühjahr 1884 mit den Arbeiten begonnen hatten, deutlich mehr zu tun. Dies war vor allem der Trassenführung in Oschatz geschuldet. Hier mussten entlang der Döllnitz massive Stützmauern und eine 21 m lange Rundpfeilerbrücke über die Döllnitz errichtet werden. Am 15. November 1884 traf die erste Schmalspurlok im Bf Oschatz ein. Nach der Belas-

Die Strecken des Mügelner Schmalspurnetzes (Fortsetzung)

Strecke Nebitzschen–Kroptewitz	Eröffnung	Einstellung Personenverkehr	Einstellung Güterverkehr	Bemerkungen
Nebitzschen–Kemmlitz	03.08.1903	26.05.1962	15.11.2001	nur Güterverkehr; nicht öffentlicher Personenverkehr ab 01.02.1942; Personenverkehr ab 01.10.1945; letzter Güterzug am 26.06.2001; Sperrung der Strecke wegen Oberbaumängeln am 12.04.2006; Wiederaufnahme des Betriebs auf dem Abschnitt Nebitzschen–Kemmlitz Ort am 09.06.2017; Wiederaufnahme des Betriebs auf dem Abschnitt Kemmlitz Ort–Kemmlitz am 08.09.2018
Kemmlitz–Kroptewitz	03.08.1903	26.05.1962	28.08.1967	nur Güterverkehr; nicht öffentlicher Personenverkehr ab 01.02.1942; Personenverkehr ab 01.10.1945; Gesamtstilllegung am 30.11.1967

Strecke Oschatz–Strehla	Eröffnung	Einstellung Personenverkehr	Einstellung Güterverkehr	Bemerkungen
Oschatz–Strehla	31.12.1891	31.01.1972	31.01.1972	Gesamtstilllegung am 01.02.1972

tungsprobe für die Stützmauern und die Döllnitz-Brücke in der Nähe des Haltepunktes Oschatz Körnerstraße (11.12.1884) konnte am 16. Dezember 1884 die Gleislücke zwischen Altoschatz und Naundorf geschlossen werden. Nur zwei Tage später, am 18. Dezember 1884, verkehrte der so genannte Revisionszug, dessen Teilnehmer keine gravierenden Mängel an der Strecke Oschatz–Mügeln (b

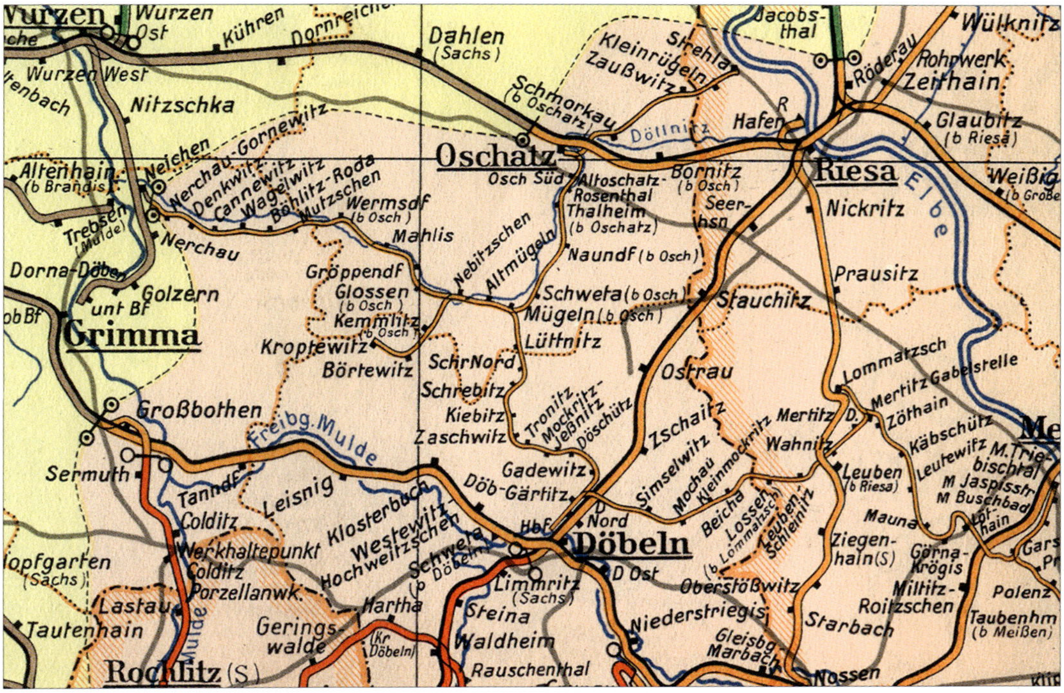

Vom einstigen Mügelner Schmalspurnetz wurde ab 28. September 1975 nur noch die 17,1 km lange Strecke Oschatz–Mügeln (b Oschatz)–Kemmlitz im Güterverkehr betrieben. *Abbildung: Archiv D. Endisch*

Oschatz) feststellten. Damit war der Weg frei für die offizielle Abnahme der Schmalspurbahn durch die Generaldirektion der K.Sächs.Sts.E.B. am 3. Januar 1885. Am 6. Januar 1885 verließ schließlich der Eröffnungszug, bespannt mit der I K-Lokomotive Nr. 10, den Bf Oschatz. Einen Tag später verkehrten die ersten Personen- und Güterzüge auf der Schmalspurbahn Oschatz–Mügeln (b Oschatz).

Weiter nach Neichen, Strehla und Kroptewitz

Nach nur wenigen Monaten bezeichnete der Volksmund die Strecke Oschatz–Mügeln (b Oschatz)–Döbeln als den »Wilden Robert«. Der Legende nach hat die Schmalspurbahn ihren Spitznamen einem Lokführer aus Mügeln zu verdanken, der für seinen forschen Fahrstil weithin bekannt war.

Nur wenige Wochen nach der Eröffnung der Stammstrecke des »Wilden Roberts« begannen die K.Sächs.Sts.E.B. im April 1885 mit den Vermessungsarbeiten für die Zweigstrecke Mügeln (b Oschatz)–Wermsdorf–Nerchau-Trebsen. Die Kosten für den Bau wurden auf 1,722 Millionen Mark veranschlagt. Nachdem am 2. Dezember 1885 der Trassenverlauf endgültig festgelegt worden war, stimmte der Landtag in Dresden dem Vorhaben im Sommer 1887 zu. Im November 1887 begannen die Bauarbeiten, die nach nicht einmal einem Jahr abgeschlossen waren. Mit Zustimmung der Generaldirektion der K.Sächs.Sts.E.B. verkehrten bereits vom 6. bis 8. September 1888 Sonderzüge auf dem Abschnitt Mügeln (b Oschatz)–Altmügeln. Am 27. September 1888 gaben die K.Sächs.Sts.E.B. die Teilstrecke Mügeln (b Oschatz)–Mahlis für den Güterverkehr frei. Am 1. November 1888 nahmen die K.Sächs.Sts.E.B. schließlich den Personen- und Güterverkehr auf der 23,94 km langen Zweigstrecke Mügeln (b Oschatz)–Wermsdorf–Nerchau-Trebsen (ab 04.10.1936: Neichen) auf. Damit entwickelte sich der Bf Mügeln (b Oschatz) mit seinem zweigleisigen Lokschuppen zum betrieblichen Mittelpunkt des entstehenden Schmalspurnetzes.

Die Stadtväter von Strehla beobachteten aufmerksam diese Entwicklung und forderten nun die Anbindung ihrer Kleinstadt an den »Wilden Robert«. Nachdem die sächsische Regierung dem Vorhaben

Hochbetrieb im Bf Mügeln im August 1989: Während 99 1586-9 (links) soeben Güterwagen an der Laderampe bereitgestellt hatte, verließ 99 1542-2 gerade die Est Mügeln, um ihren Nahgüterzug nach Oschatz zu übernehmen. Foto: D. Endisch

Am 7. Oktober 1988 verließ 99 1568-7 mit dem N 66969 nach Oschatz den Bf Mügeln (b Oschatz). Rechts ist das so genannte Schlüsselstellwerk (»Stw 1«) zu sehen. Foto: D. Endisch

am 20. Mai 1891 zugestimmt hatte, begannen am 1. Juni 1891 mit einem feierlichen Spatenstich in Strehla die Bauarbeiten an der 11,8 km langen Stichstrecke. Nach nur sieben Monaten konnten die K.Sächs.Sts.E.B. den Personen- und Güterverkehr auf der Strecke Oschatz–Strehla aufnehmen. Wenige Monate später, am 20. April 1892, wurde das Anschlussgleis zum Elbehafen in Strehla in Betrieb genommen. Dieser sorgte neben der Leimfabrik Tenner & Co., dem Dampfsägewerk, der Chemischen Werke GmbH und der späteren Bäuerlichen Handelsgenossenschaft (BHG) für ein beachtliches Frachtaufkommen auf der Strecke nach Strehla.

Die 6,31 km lange Verbindung Nebitzschen–Kroptewitz war die kürzeste und jüngste Strecke des Mügelner Schmalspurnetzes. Der Gutsbesitzer Riedel begann im Juli 1883 in Kemmlitz mit der Gewinnung von Rohkaolin, das zunächst mit Fuhrwerken zum Bf Oschatz befördert wurde. Mit der Gründung weiterer Unternehmen und dem damit verbundenen Ausbau der Kaolinförderung stand alsbald der Bau einer Schmalspurbahn nach Kemmlitz zur Diskussion. Die sächsische Regierung schuf mit einer entsprechenden Verordnung am 28. April 1902 die Grundlage für den Bahnbau, der im August 1902 begann. Am 3. August 1903 nahmen die K.Sächs.Sts.E.B. die Stichstrecke Nebitzschen–Kemmlitz–Kroptewitz in Betrieb. Allerdings wurde die Strecke, die von den Eisenbahnern auch als »Kaolinbahn« bezeichnet wurde, zunächst nur im Güterverkehr bedient. Erst am 1. Oktober 1945 wurde auf der Relation Mügeln–Nebitzschen–Kroptewitz ein öffentlicher Personenverkehr aufgenommen. Damit hatte das Mügelner Schmalspurnetz mit einer Länge von 73,42 km seine größte Ausdehnung erreicht. In Döbeln bestand über die Strecken Döbeln–Lommatzsch und Lommatzsch–Garsebach ab November 1911 eine Verbindung zum benachbarten Wilsdruffer Schmalspurnetz. Von Beginn an bestimmte der Güterverkehr den Betriebsablauf auf dem »Wilden Robert«. Neben Kohle, Kaolin und Zuckerrüben wurden vor allem Kalkstein, Ton, Holz, Ziegel, Düngemittel, Stroh, Vieh, Getreide, Kartoffeln und andere landwirtschaftliche Erzeugnisse transportiert. Insbesondere während der Zuckerrüben-Kampagne hatten die Eisenbahner alle Hände voll

99 1606-5 stand am 20. November 1992 mit einem Sonderzug im Bf Mügeln. Auch wenn die DR in den 1980er-Jahren zahlreiche Gleise entfernt hatte, konnte man die einstige Bedeutung der Station noch immer erahnen. Foto: D. Endisch

zu tun. Oft reichten die vorhandenen Personale und Fahrzeuge nicht aus, so dass die K.Sächs.Sts.E.B. und später die Reichsbahn Eisenbahner und Lokomotiven von anderen sächsischen Schmalspurbahnen zeitweilig nach Mügeln versetzen mussten. Zunächst wurden im Güterverkehr ausschließlich Schmalspurfahrzeuge eingesetzt. Die Frachten mussten daher in den Übergangsbahnhöfen Oschatz, Großbauchlitz und Neichen umgeladen werden. Ab 1898 setzten die K.Sächs.Sts.E.B. Rollböcke ein, mit denen regelspurige Güterwagen ohne Umladen auf dem »Wilden Robert« transportiert werden konnten. Eine erhebliche Verbesserung im Betriebsablauf brachte ab 1906 der Einsatz von Rollwagen, mit denen schließlich 80 % des Güterverkehrs auf dem Mügelner Netz bestritten wurden. Gleichwohl waren noch über Jahrzehnte hinweg Schmalspurgüterwagen im Binnenverkehr auf dem »Wilden Robert« im Einsatz, z.B. für die alljährlichen Rübentransporte zur Zuckerfabrik in Döbeln.

Einen nennenswerten Reiseverkehr gab es lediglich auf der Stammstrecke Oschatz–Mügeln (b Oschatz). Auf den Zweigstrecken nach Döbeln, Neichen und Strehla prägten Berufspendler und Schüler das Bild im Personenverkehr, für den die K.Sächs.Sts.E.B. meist gemischte Züge einsetzte. Außerdem gab es beim »Wilden Robert« einen bescheidenen Ausflugsverkehr. Beliebte Ziele waren dabei in erster Linie das Döllnitztal bei Oschatz sowie der Horstsee und das Jagdschloss Hubertusburg in Wermsdorf. Für das Jahr 1894 rechnete der in Mügeln ansässige Bahnverwalter für den »Wilden Robert« die Beförderung von 104.296 t Gütern und 241.740 Reisenden ab.

Mit dem Ausbau des Streckennetzes gewann auch der Bf Mügeln (b Oschatz) zusehends an Bedeutung. Ab den 1920er-Jahren war die Station der größte Schmalspurbahnhof in Deutschland. Mitunter wird Mügeln auch als *»größter Schmalspurbahnhof Europas«* bezeichnet, was aber nie zweifelsfrei bewiesen werden konnte. Mügeln war Zugleit-, Zugmelde-, Kreuzungs- und Zugbildungsbahnhof. Die Unterlagen der Reichsbahndirektion (RBD) Dresden weisen für das Jahr 1928 für den 654 m langen Bf Mügeln (b Oschatz) 38 Gleise, 3 Anschlussgleise sowie 63 einfache und 4 Doppelkreuzungsweichen aus. Zu den baulichen Anlagen

Die Steigungs- und Krümmungsverhältnisse des Mügelner Schmalspurnetzes

Strecke	Betriebslänge	größte Steigung	kleinster Radius	Bemerkungen
Mügeln (b Oschatz)–Wermsdorf–Neichen	23,94 km	1 : 60	60 m	Rollwagenverkehr
Nebitzschen–Kroptewitz	6,31 km	1 : 50	80 m	Rollwagenverkehr
Oschatz–Mügeln (b Oschatz)–Döbeln	31,27 km	1 : 60	80 m	Rollwagenverkehr[1]
Oschatz–Strehla	11,90 km	1 : 40	100 m	Rollwagenverkehr

Anmerkung:
1 nur auf dem Abschnitt Oschatz–Döbeln-Gärtitz

gehörten neben dem repräsentativen Empfangsgebäude drei Bahnsteige, zwei Stellwerke, ein Güterschuppen, eine Gleiswaage, eine Kopf- und Seitenrampe, eine große Ladestraße, ein Wirtschaftsgebäude sowie ein Beamtenwohnhaus. Im Bf Mügeln (b Oschatz) wurden täglich 20 Personen- sowie 25 Güter- und gemischte Züge abgefertigt.
Die Bedeutung der Station zeigte sich auch an der Größe des Lokschuppens. Das während des Ersten Weltkrieges errichtete Bauwerk bot mit seinen drei Gleisen Platz für neun Maschinen der Gattung IV K (ab 1925: Baureihe 99^{51-60}), die hier seit 1897 stationiert und fast 100 Jahre tagtäglich auf dem »Wilden Robert« zu sehen war. 1932 erweiterte die RBD Dresden den Lokschuppen um ein viertes Gleis und eine Werkstatt. Das Mügelner Heizhaus war nun mit dem Lokschuppen in Thum das größte Bauwerk seiner Art bei den sächsischen Schmalspurbahnen. Zu den Anlagen des Lokbahnhofs (Lokbf) gehörten außerdem ein Kohleschuppen, ein Wasserkran und drei Zisternen mit einem Fassungvermögen von insgesamt 40 m^3. Ab 1. Juli 1923 unterstand der Lokbf Mügeln dem Bahnbetriebswerk (Bw) Nossen, bevor ab 1. Januar 1937 das Bw Döbeln für die Außenstelle verantwortlich war.

Glanz und Niedergang

In der zweiten Hälfte der 1940er-Jahre verzeichnete die Rbd Dresden einen deutlichen Anstieg der Beför-

Am Morgen des 20. November 1992 war der Ng 67883 Mügeln (b Oschatz)–Oschatz außerplanmäßig mit 99 1561-2 und 99 1606-5 bespannt, hier bei Schweta. Die Wagen waren mit in Säcken abgepacktem Kaolin beladen. Foto: D. Endisch

99 1568-7 hatte im April 1991 gerade den Betriebsteil II des Kaolinwerks in Kemmlitz bedient. Anschließend fuhr die Maschine zurück zum Bf Kemmlitz, wo sie ihren Nahgüterzug nach Mügeln übernahm. Foto: D. Endisch

derungsleistungen auf dem Streckennetz des »Wilden Roberts«. Die Deutsche Reichsbahn (DR) war mit rund 320 Beschäftigten im Dienstort Mügeln der wichtigste Arbeitgeber in der Kleinstadt. Rund 160 Mitarbeiter zählte der ehemalige Lokbf Mügeln, der ab 1. April 1951 den Status eines eigenständigen Bahnbetriebswerks besaß. Der Dienststelle standen bis zu 24 Exemplare der Baureihe 99^{51-60} zur Verfügung. Diese wurden vom Stammwerk sowie den zum Bw Mügeln gehörenden Lokbahnhöfen Lommatzsch, Oschatz, Strehla und Wermsdorf aus eingesetzt. Die anderen Eisenbahner arbeiteten im Bf Mügeln (b Oschatz) entweder im Bereich Betrieb und Verkehr (z.B. Zugführer, Schaffner und Rangierer), bei der Bahnmeisterei oder in der Wagenwirtschaft. Die Wagenmeister und Wagenreiniger betreuten bis zu 50 Reisezugwagen. Nahezu um die Uhr rollten die Personen- und Güterzüge über die Strecken des »Wilden Roberts«.

Doch Anfang der 1960er-Jahre verloren die Bimmelbahnen um Mügeln zusehends an Bedeutung. Der Kraftverkehr übernahm immer mehr Aufgaben im Güterverkehr. Das Anschlussgleis zum Hafen in Strehla hatte bereits 1954 ausgedient. Der einsetzende Individualverkehr ließ die Fahrgastzahlen auf dem »Wilden Robert« deutlich schrumpfen. Mit der Einstellung des Personenverkehrs auf den Verbindungen Mügeln (b Oschatz)–Nebitzschen–Kroptewitz (26.05.1962) und Mügeln (b Oschatz)–Döbeln (13.12.1964) läutete die Rbd Dresden den Abschied vom Mügelner Schmalspurnetz ein. Immer mehr Reisende stiegen in der Folgezeit auf den Omnibus um oder nutzten ein eigenes Kraftfahrzeug. Kein Wunder: Mangels Arbeitskräften und Material konnte die Bahnmeisterei (Bm) Mügeln (später Bm Döbeln) seit Ende der 1950er-Jahre nur noch die notwendigsten Instandhaltungsarbeiten an den Gleisanlagen ausführen. Dies führte zu immer mehr Langsamfahrstellen, so dass der »Wilde Robert« aufgrund der immer längeren Fahrzeiten im Wettbewerb mit der Straße keine Chance hatte. Am 27. August 1967 verkehrten die letzten Personenzüge auf dem Abschnitt Wermsdorf–Neichen. Wenige Wochen später, am 1. November 1967, wandelte die Rbd Dresden das Bw Mügeln in eine Einsatzstelle (Est) des Bw Nossen um. Nach der Einstellung des Reiseverkehrs auf der Stichstrecke Oschatz–Strehla (31.01.1972) und auf dem Abschnitt Mügeln (b Oschatz)–Wermsdorf (30.09.1972) setzte die Rbd Dresden nur noch zwischen Oschatz und Mügeln Personenzüge ein. Doch das Angebot auf der Kursbuchstrecke (KBS) 325 war äußerst bescheiden. Montags bis freitags verkehrten lediglich der morgendliche Personenzug (P) 14377 nach Oschatz und in der Gegenrichtung der Güterzug mit Personenbeförderung (Gmp) 69932. Außerdem sah der Fahrplan montags bis samstags am frühen Abend den P 14378 Oschatz–Mügeln (b Oschatz) vor. Allerdings nutzten in erster Linie Berufspendler und Schüler diese Züge, deren Fahrzeiten keine Werbung für die Schmalspurbahn waren. Die Züge benötigten für die 11,4 km lange Strecke etwa 40 Minuten. Am 27. September 1975 war es dann soweit: 99 1566-1 bespannte zum letzten Mal den Gmp 69932, der aufgrund des großen Andrangs an diesem Tag aus zehn Reisezugwagen bestand. Als der Zug um 14.36 Uhr im Bf Mügeln (b Oschatz) eintraf, war der Personenverkehr auf dem »Wilden Robert« Geschichte.

Fortan verkehrten auf der 17,1 km langen Strecke Oschatz–Mügeln (b Oschatz)–Kemmlitz nur noch Güterzüge. Im Frachtverkehr gab es keine Alternative zur Schmalspurbahn. Der wichtigste Kunde der DR war der 1951 gegründete VEB Kemmlitzer Kaolinwerke, der 1973 als Stammbetrieb im VEB Silikatrohstoff-Kombinat aufging und dessen Werke I, II und III einen Gleisanschluss besaßen. Außerdem sorgten in Altmügeln der VEB Chemiefabrik »Lipsia« und der VEB Keramik- und Ziegelwerke sowie in Mügeln die Firma Lässig (Kohlehändler) und das Agro-Chemische Zentrum (ACZ) für ein stabiles Frachtaufkommen. Im Winterfahrplan 1980/81 setzte die DR täglich fünf Nahgüterzugpaare auf dem Abschnitt Oschatz–Mügeln (b Oschatz) ein. Zwischen Mügeln und Kemmlitz verkehrten vier Zugpaare. Die Anschlüsse in Altmügeln wurden täglich mit vier Übergaben vom Bf Mügeln (b Oschatz) aus bedient. Gleichwohl versuchte die Rbd Dresden, sich vom »Wilden Robert« zu trennen. Die Gesamtstillegung sollte am 31. Oktober 1980 erfolgen. Doch fehlende Lastkraftwagen und die unzureichend ausgebauten Straßen vereitelten dieses Vorhaben und so rumpelten die Maschinen der Gattung IV K weiter über die inzwischen recht maroden Gleise. Entgegen den Erwartungen der

Glück gehabt: 099 713-0 und 099 707-2 standen am 12. November 1993 mit dem Ng 67886 im Bf Oschatz. Mit dem Fahrplanwechsel am 2. Juni 1991 waren die planmäßigen Vorspannleistungen auf dem »Wilden Robert« entfallen. Foto: D. Endisch

Die Strecke Oschatz–Mügeln (b Oschatz)–Kemmlitz

größte Steigung: 1 : 50
kleinster Bogenhalbmesser: 80 m

Betriebsstelle	km	bahnamtliches Kürzel	Bemerkungen
Oschatz	0,00	Ot	
Oschatz Körnerstraße	1,31	?	am 01.08.1905 in Betrieb genommen; am 31.03.1953 geschlossen
Oschatz Süd	2,09	Ots	bis 03.04.1905: Oschatz Haltestelle; nach Rückbau des Ladegleises 1981 nur noch Zuglaufmeldestelle
Altoschatz-Rosenthal	3,29	Aro	Haltestelle; ab 1972 nur noch Haltepunkt; am 27.09.1975 geschlossen
Thalheim (b Oschatz)	4,35	Tz	Haltestelle; bis 03.08.1936: Kreischa-Saalhausen; nach Rückbau des Ladegleises nur noch Zuglaufmeldestelle
Naundorf (b Oschatz)	7,21	Nao	
Schweta (b Oschatz)	9,88	Swo	bis 30.06.1914: Schweta; ab 1970 nur noch Haltepunkt; ab 28.09.1975 nur noch Zuglaufmeldestelle
Mügeln (b Oschatz)	11,38/0,00	Mü	Zugleitbahnhof
Altmügeln	1,34	Amü	Haltestelle; ab 01.10.1972 nur noch Zuglaufmeldestelle
Nebitzschen	3,04/0,00	Ne	
Kemmlitz (b Oschatz)	2,66	Kem	
Streckenende	4,00	-	ab 01.08.1988: Streckenende am km 3,10

Rbd Dresden stieg das Frachtaufkommen bis 1978 auf rund 308.000 t an. Meist wurden Kohle, Kaolin, Magnesitgestein und Baustoffe befördert. Die Eisenbahner der Est Mügeln hatten alle Hände voll zu tun. Vor den bis zu 300 t schweren Nahgüterzügen auf der Relation Oschatz–Mügeln (b Oschatz) mussten die Meyerloks zeigen, was sie konnten. In der Gegenrichtung waren aufgrund der Steigung zum Bf Oschatz nur 190 t zugelassen. Hing mehr Last am Haken, hielt der Zug vor dem Einfahrsignal in

Gemächlich rollte 99 1582-8 im April 1991 mit einem Nahgüterzug zwischen Naundorf und Schweta dahin. Links im Hintergrund sind die Türme der Oschatzer St.-Aegidien-Kirche zu sehen. *Foto: D. Endisch*

Es war gerade 14.55 Uhr, als das Personal die 099 703-1 am 19. November 1992 an der Lokleitung der Est Mügeln »geparkt« hatte. Nach einer kleinen Pause im Sozialgebäude (rechts) wurde die IV K restauriert und im Heizhaus abgestellt. *Foto: D. Endisch*

Oschatz und die Rangierlok wurde vorgespannt. Auf dem Abschnitt Mügeln (b Oschatz)–Kemmlitz waren 320 t zulässig, doch ab 160 t mussten die Züge in Nebitzschen geteilt werden. Der Buchfahrplan sah dafür Bedarfszüge und Lokleerfahrten (Lz) vor. In der Gegenrichtung beförderte die Baureihe 99^{51-60} anstandslos 290 t.

Mit der Energiekrise in der DDR sah sich die Rbd Dresden gezwungen, ihre Stilllegungspläne für den »Wilden Robert« endgültig zu den Akten zu legen. Am 29. Oktober 1981 teilte das Ministerium für Verkehrswesen (MfV) den zuständigen Dienststellen mit: *»In einer gemeinsamen Beratung des Ministers für Verkehrswesen und des Vorsitzenden des Rates des Bezirkes Leipzig (...) am 2. Oktober 1981 wurde u.a. festgelegt, daß die weitere Betriebsführung der Schmalspurbahn Oschatz–Kemmlitz zu sichern ist. Für die erforderlichen Instandsetzungsmaßnahmen (Gleis- und Sicherungsanlagen) sowie für die Erhaltungsmaßnahmen der Fahrzeuge wurde die Deutsche Reichsbahn verantwortlich gemacht. Ich beauftrage Sie, die in diesem Zusammenhang notwendigen Maßnahmen zur Aufrechterhaltung einzuleiten und in die Jahrespläne einzuordnen.«*

Nur wenige Monate später, im Frühjahr 1982, begann die umfassende Modernisierung der Infrastruktur. Bis zum Herbst 1984 wurde der Oberbau durch die Verwendung altbrauchbarer Schienen der Bauformen S 33 und S 49, neuer Weichen und gekürzter Regelspurschwellen saniert. Teilweise wurden auch Beton- und Stahlschwellen verwendet. In diesem Zusammenhang wurden die Gleisanlagen der Bahnhöfe durch den Rückbau der nicht mehr benötigten Nebengleise vereinfacht. In Oschatz Süd und Altoschatz wurden alle Nebengleise entfernt. Auf dem Abschnitt Oschatz–Mügeln (b Oschatz) waren ab 1981 nur noch im Bf Naundorf (b Oschatz) Zugkreuzungen möglich. Hier gab es ein aus Richtung Mügeln befahrbares Nebengleis. Im Bf Mügeln (b Oschatz), der nun dem Bf Oschatz unterstand, wurden rund 40 % der Gleise demontiert. Nach Abschluss der Arbeiten war die Strecke Oschatz–Kemmlitz wieder mit einer Höchstgeschwindigkeit von 30 km/h befahrbar.

Zeitweilig stand auch die Wiederaufnahme des Personenverkehrs auf der ehemaligen KBS 325 zur Diskussion. Doch die dazu notwendigen Investitionen in die Infrastruktur (neue Bahnsteige und

Die Brennstoffhandlung in Mügeln war der letzte Güterverkehrskunde des »Wilden Roberts«. Im April 1992 bediente 099 705-6 den so genannten Anschluss Lässig, der erst 2001 stillgelegt wurde. *Foto: D. Endisch*

Wartehallen), fehlende Reisezugwagen und Engpässe beim Personal verhinderten dieses Vorhaben. Anlässlich des 100-jährigen Jubiläums des »Wilden Roberts« und der 1.000-Jahr-Feier der Stadt Mügeln setzte die DR vom 28. September bis zum 7. Oktober 1984 erstmals Sonderzüge auf dem Abschnitt Mügeln (b Oschatz)–Kemmlitz ein. Die rund 6.000 Fahrkarten für die insgesamt 33 Sonderzüge waren binnen kürzester Zeit ausverkauft.

Trotz der immensen Investitionen Anfang der 1980er-Jahre wollte die Rbd Dresden weiterhin den personalaufwendigen Schmalspurbetrieb aufgeben. Aus diesem Grund gab die Direktion ein Gutachten zur Umspurung des »Wilden Roberts« in Auftrag. Das Ingenieurbüro für Rationalisierung des Eisenbahntransports legte am 27. Juli 1983 eine »*Grobstudie zur technischen Realisierbarkeit des Umbaues der Schmalspurstrecke Oschatz–Kemmlitz auf Regelspur*« vor. Das Konzept, das eine Arbeitsgruppe von drei Ingenieuren ausgearbeitet hatte, ließ die Rbd Dresden hoffen, denn die Schmalspurbahn konnte laut Gutachten umgebaut werden. Allerdings waren die Investitionen enorm: Ein erster Kostenvoranschlag lag – einschließlich des Neubaus einer Umfahrung für die Kreisstadt Oschatz – bei 28 Millionen Mark und war wirtschaftlich nur zu vertreten, wenn das Verkehrsaufkommen, wie von der Rbd Dresden erwartet, bis 1990 auf rund 485.000 t im Jahr steigen würde. Doch vorerst legte die Reichsbahn das Vorhaben auf Eis, da die notwendigen finanziellen Mittel und Baukapazitäten fehlten.

Am 15. Dezember 1988 gab die Rbd Dresden die Umspurungspläne endgültig auf. In einer Aktennotiz hieß es: »*Weitere Untersuchungen (...) können nicht in Auftrag gegeben werden, da (...) weder vom Ministerium für Glas und Keramik noch vom VEB Kaolin- und Tonwerke Kemmlitz Steigerungszahlen für das Transportaufkommen angegeben werden konnten. Die Schmalspurbahn fährt gegenwärtig an der Kapazitätsgrenze.*« Doch die Praxis sah inzwischen anders aus – die Kaolin-Transporte gingen in der zweiten Hälfte der 1980er-Jahre langsam zurück. Dies war u.a. der Stilllegung des Werks III des VEB Silikatrohstoff-Kombinats Kemmlitz am 31. Juli 1988 geschuldet. Damit konnte das ehemalige Streckengleis in Richtung Kroptewitz um einige hundert Meter gekürzt werden. Die Schienen des

Die Anschlussgleise der Strecke Oschatz–Mügeln (b Oschatz)–Kemmlitz	
Bahnhof	**Anschluss**
Mügeln (b Oschatz)	Anschluss Firma Walter Lässig (Kohlehandlung); 2001 stillgelegt
	Anschluss ACZ (ex Kornhaus Mügeln); 1991 stillgelegt
Altmügeln	Anschluss VEB Keramik- und Ziegelwerke (ex Ofen-, Porzellan- und Tonwarenfabrik Mügeln GmbH); 1989 stillgelegt
	Anschluss VEB Chemiefabrik »Lipsia« (ex LIPSIA Chemische Fabrik Mügeln AG); letzte Bedienung am 28.11.1993; anschließend stillgelegt
Kemmlitz / km 2,2	Anschluss VEB Silikatrohstoff-Kombinat, Werk II (ex Firma Wolf)
Kemmlitz / km 3,0	Anschluss VEB Silikatrohstoff-Kombinat, Werk I (ex Sächsische Elektro-Osmose-Kaolinwerke GmbH)
Kemmlitz / km 3,2	Anschluss VEB Silikatrohstoff-Kombinat, Werk III (ex Arbslöh & Co., Geisenheimer Kaolinwerke KG); stillgelegt am 31.07.1988
Kemmlitz / km 3,5	Anschluss VEB Silikatrohstoff-Kombinat, Werk III (ex Arbslöh & Co., Geisenheimer Kaolinwerke KG); stillgelegt am 31.07.1988

»Wilden Roberts« endeten nun am km 3,1. Diese Entwicklung schlug sich auch in den Beförderungsleistungen auf der Strecke Oschatz–Kemmlitz nieder. 1984 wurden etwa 360.000 t Güter befördert; drei Jahre später waren es nur noch rund 320.000 t Güter. Auch die erhofften Sandtransporte aus Kemmlitz blieben aus, so dass das MfV am Weiterbetrieb des »Wilden Roberts« festhielt. Die Rbd Dresden plante jetzt ab 1990 die Umsetzung nicht mehr benötigter Dampfloks der Baureihen 99^{73-76} nach Mügeln, die hier die Meyer-Maschinen ablösen sollten. Dazu hätten aber u.a. die Stützmauern entlang der Döllnitz in Oschatz verstärkt werden müssen. Betrieblich bot der Einsatz der 1´E´1h2t-Maschinen die Möglichkeit, den Verkehrs auf jeweils drei Zugpaare auf den Abschnitten Oschatz–Mü-

Kleine Maschine vor großen Wagen: 099 713-0 war am 14. Oktober 1992 mit dem Ng 67884 Oschatz–Mügeln (b Oschatz) bei Schweta unterwegs. *Foto: Archiv D. Endisch*

geln (b Oschatz) und Mügeln (b Oschatz)–Kemmlitz zu verringern.
In der Zwischenzeit hatte die Seilzugbremse der Bauart Heberlein auf der Strecke Oschatz–Kemmlitz ausgedient. Bereits 1985 ließ die Rbd Dresden die ersten sechs saugluftgebremsten Rollwagen vom Bf Freital-Hainsberg nach Oschatz umsetzen. Mit der Stilllegung des Abschnitts Wolkenstein–Niederschmiedeberg der Preßnitztalbahn im Herbst 1986 und dem Umbau der Anschlussbahn Schönfeld-Wiesa–Papierfabrik Schönfeld von 750 mm Spurweite auf Regelspur im Sommer 1985 konnten weitere Rollwagen mit Körting-Bremse zum »Wilden Robert« umgesetzt werden. Ab 13. Juli 1987 verkehrten alle Güterzüge auf der Strecke Oschatz–Kemmlitz mit Saugluftbremse. 99 1564-6 bespannte den ersten planmäßigen saugluftgebremsten Zug.
Im Herbst 1988 standen für den Güterverkehr insgesamt 74 Rollwagen mit Körting-Bremse, die modernisierten Packwagen 974-361, 974-362, 974-365 und 974-369 sowie der Altbau-Packwagen 974-360 zur Verfügung.

Kampf um den Fortbestand

Im Sommer 1989 herrschte wie eh und je Hochbetrieb auf der Strecke Oschatz–Kemmlitz. Täglich wurden bis zu 56 auf Rollwagen verladene Güterwagen befördert. Insgesamt rund 18.000 Wagen waren es im Jahr 1989. Eisenbahnfreunde aus aller Welt reisten nun nach Mügeln, um hier die letzten planmäßig bei der DR eingesetzten Dampfloks der Baureihe 99^{51-60} zu fotografieren. Der »Wilde Robert« stand bei den Enthusiasten hoch im Kurs, denn von den Eisenbahnern wurden die Dampflokfreunde mit offenen Armen empfangen. Außerdem gab es in Mügeln keine diensteifrigen Transportpolizisten, die einen beim Fotografieren störten.
Doch innerhalb eines Jahres änderte sich die Situation schlagartig: Mit der Wirtschafts- und Währungsunion am 1. Juli 1990 brach der Export des Kaolins nach Südosteuropa innerhalb weniger Wochen förmlich zusammen. Noch 1989 endete die Bedienung des Anschlussgleises des VEB Keramik- und Ziegelwerke Mügeln. Auch der ehemalige

Im April 1992 rangierte 099 705-6 im Bf Kemmlitz. Seit 1. Januar 1992 trugen die letzten IV K die Betriebs-Nr. 099 701-5 bis 099 713-0. Doch weder die Fans, noch die Eisenbahner konnten sich mit diesen Betriebs-Nr. anfreunden. Foto: D. Endisch

099 713-0 hatte am 14. Oktober 1992 im Bf Oschatz den Ng 67884 nach Mügeln (b Oschatz) übernommen. Ab Mügeln verkehrte der Zug als Ng 67894 weiter nach Kemmlitz. Foto: D. Endisch

VEB Chemiefabrik »Lipsia« musste seine Produktion immer weiter einschränken. Am 28. November 1993 holte letztmalig eine IV K hier einen Güterwagen ab. Wenige Wochen später wurde die Produktion gänzlich eingestellt. Bereits 1991 hatte die DR die Bedienung des Anschlussgleises der ACZ aufgegeben. Diese Entwicklung hatte für den »Wilden Robert« gravierende Folgen. Bereits im Sommer 1990 entfielen viele Leistungen mangels Frachtaufkommen und die Dampfloks der Baureihe 99^{51-60} standen entweder tatenlos in der Est Mügeln oder dampften als Leerfahrten mit einem Packwagen durch die Landschaft. Die Rbd Dresden reagierte umgehend: Zum 30. September 1990 wurde der Umlauf von vier auf drei Maschinen reduziert. Damit entfielen auch die Übergaben auf dem Abschnitt Mügeln (b Oschatz)–Altmügeln. Die für die Chemiefabrik »Lipsia« bestimmten Wagen wurden bei Bedarf durch die Nahgüterzüge nach Kemmlitz zugestellt. Die morgendliche und abendliche Vorspannleistung auf der Strecke Oschatz–Mügeln (b Oschatz) blieb aber zur Freude der Eisenbahnfreunde noch erhalten. Außerdem führte die Reichsbahn eine Betriebsruhe an Wochenenden und Feiertagen ein. Damit einher ging eine deutliche Reduzierung des Personals. Arbeiteten 1989 noch rund 100 Eisenbahner für den »Wilden Robert«, wurden im Herbst 1990 nur noch 41 Mitarbeiter benötigt. Im November 1991 bestanden lediglich 31 Planstellen bei der Schmalspurbahn.

Die Rbd Dresden forcierte nun wieder ihre Bemühungen hinsichtlich einer Stilllegung der Strecke Oschatz–Mügeln (b Oschatz)–Kemmlitz. Zur Begründung verwies die Direktion auf die dramatisch gesunkenen Beförderungsleistungen. 1990 wurden auf dem »Wilden Robert« rund 217.000 t Güter befördert. Ein Jahr später waren es nur noch 83.000 t. Damit verschlechterte sich auch die Wirtschaftlichkeit der Schmalspurbahn Oschatz–Kemmlitz erheblich. Im November 1990 schnitt der »Wilde Robert« bei der von der Rbd Dresden vorgelegten Kosten-Nutzen-Rechnung im Vergleich zu anderen sächsischen Schmalspurbahnen gut ab. Standen beim »Wilden Robert« einer D-Mark als Einnahme Ausgaben in Höhe von 4,80 D-Mark gegenüber, lagen bei der Strecke Freital-Hainsberg–Kurort Kipsdorf die Ausgaben bei 9,80 D-Mark. Damit war der »Wilde Robert« nach der Bäderbahn Bad

Mit einer imposanten Dampfwolke rollte 099 705-6 an einem kühlen April-Morgen 1992 mit dem Ng 67890 nach Kemmlitz durch die Wiesen bei Altmügeln. Für die Fahrt nach Kemmlitz sah der Fahrplan 25 Minuten vor. Foto: D. Endisch

Doberan–Kühlungsborn (Verhältnis 1 : 3,4) und der Harzquer-, Brocken- und Selketalbahn (Verhältnis 1 : 3,5) eine der wirtschaftlichsten Schmalspurbahnen der DR. Ein Jahr später hatte sich das Bild grundlegend geändert: Mit einem Kosten-Erlös-Verhältnis von 1 : 25,9 war die Strecke Oschatz–Kemmlitz plötzlich der größte Verlustbringer unter Sachsens Schmalspurbahnen. Für den »Wilden Robert« begannen nun unruhige Jahre.

Die im Frühjahr 1991 immer offensichtlicheren Stilllegungsbemühungen der DR stießen bei engagierten Eisenbahnfreunden auf Widerstand. Der Fahrgastverband PRO BAHN e.V. setzte sich für den Erhalt der Schmalspurbahn Oschatz–Kemmlitz ein. Der Landkreis Oschatz und der Fahrgastverband schlossen mit der Rbd Dresden am 1. September 1991 einen so genannten Patenschaftsvertrag ab. Ziel der Vereinbarung war es, die Strecke langfristig zu erhalten. PRO BAHN e.V. verpflichtete sich, ein Betriebskonzept für den »Wilden Robert« zu erarbeiten.

Für den ab 2. Juni 1991 gültigen Fahrplan bestand in der Est Mügeln auf dem Papier noch ein dreitägiger Umlauf, doch mangels Frachtaufkommen wurden werktags nur noch zwei Maschinen eingesetzt. Damit entfielen die planmäßigen Vorspannleistungen und das Hereinschleppen eines Güterzuges in den Bf Oschatz mit zwei Maschinen der Baureihe 99^{51-60}.

Inzwischen stand fest: Entweder die Strecke Oschatz–Mügeln (b Oschatz)–Kemmlitz wird privatisiert oder die DR stellt den Betrieb ein. Letzteres zeichnete sich im Frühjahr 1992 ab, da sich die Verhandlungen zwischen der Reichsbahn und der Kaolingrube in Kemmlitz, die inzwischen der Amberger Kaolinwerke GmbH gehörte, über weitere Transporte in die Länge zogen. Unter den Eisenbahnern kursierte das Gerücht, am 30. Juni 1992 sei der letzte Tag des »Wilden Roberts«. Doch die Züge fuhren weiter, wenn auch mit einem abermals reduzierten Fahrplan. Die beiden IV K verließen fortan morgens gegen 6 Uhr den heimatlichen Lokschuppen in Mügeln und brachten jeweils zwei Zugpaare nach Oschatz und Kemmlitz. Gegen 13 Uhr hatten die Maschinen und ihre Personale Feierabend. Unterbrochen wurden diese Dienste nur durch einige Sonderzüge. Dies war u.a. an den Pfingstfeiertagen, am 22. und 23. August, am 19. und 20. September sowie am 20., 27. und 28. November 1992 der Fall.

Lokomotiven der Baureihe 99^{51-60} in der Est Mügeln (1990–1993)

Lok	Betriebs-Nr. ab 01.01.1992	von	von	bis	nach
99 1539-8	099 701-5	Radebeul Ost	30.04.1992	20.10.1992	Radebeul Ost
99 1542-2	-	im Bestand	01.01.1990	31.03.1991	z-Park[1]
99 1561-2	099 703-1	Radebeul Ost	14.10.1991	20.12.1993	Abgabe DBG
99 1562-0	-	im Bestand	01.01.1990	30.11.1990	z-Park[2]
99 1564-6	099 705-6	im Bestand	01.01.1990	21.12.1993	Radebeul Ost[3]
99 1568-7	-	im Bestand	01.01.1990	24.11.1991	z-Park[4]
99 1574-5	099 707-2	im Bestand	01.01.1990	27.11.1990	Freital-Hainsberg[5]
		Freital-Hainsberg	19.10.1992	20.12.1993	Abgabe DBG
99 1582-8	099 708-0	im Bestand	01.01.1990	14.05.1992	z-Park[6]
99 1584-4	099 709-8	im Bestand	01.01.1990	20.12.1993	Abgabe DBG
99 1585-1	099 710-6	im Bestand	01.01.1990	29.03.1992	z-Park[7]
99 1586-9	-	im Bestand	01.01.1990	15.11.1990	Oberwiesenthal
99 1606-5	099 712-2	Freital-Hainsberg	01.11.1992	28.11.1992	Freital-Hainsberg
99 1608-1	099 713-0	Oberwiesenthal	17.11.1990	17.12.1993	Freital-Hainsberg

Anmerkungen:
1 Die Lok wurde am 19.12.1990 abgestellt.
2 Die Lok war seit einem Unfall am 26.04.1989 abgestellt.
3 Die Lok war ab 24.11.1993 zur L0/K7 im Raw Görlitz.
4 Die Lok wurde am 17.05.1991 abgestellt.
5 Die Lok war ab 09.08.1990 zur L5 im Raw Görlitz.
6 Die Lok wurde am 14.04.1992 abgestellt.
7 Die Lok wurde am 15.12.1991 abgestellt.

In der Zwischenzeit hatte der Oschatzer Kreistag am 25. Juni 1992 beschlossen, einen Zweckverband zum Erhalt der Strecke zu gründen, an dem sich neben dem Landkreis auch die Städte Oschatz und Mügeln sowie die Gemeinden Naundorf und Sornzig-Ablaß beteiligten. Auch PRO BAHN entwickelte weitere Ideen zur Rettung des »Wilden Roberts«. Dazu gehörte u.a. die Wiederaufnahme

Mit 099 707-2, 099 713-0 und 099 709-8 gaben sich am Nachmittag des 14. Oktober 1992 gleich drei IV K am Stellwerk 1 in Mügeln ein Stelldichein. Die kalte 099 709-8 musste für Reparaturen im Lokschuppen umrangiert werden. Foto: D. Endisch

Für die vorgeschriebene Zuglaufmeldung legte 099 705-6 im April 1992 mit dem Ng 67891 Kemmlitz–Mügeln (b Oschatz) einen kurzen Zwischenstopp im Bf Nebitzschen ein. *Foto: D. Endisch*

des Personenverkehrs. Doch das alles war noch Zukunftsmusik. Am 14. Oktober 1992 begannen im Landratsamt in Oschatz die Verhandlungen zur Übernahme der Strecke. Das Ziel, den Betrieb auf der Schmalspurbahn am 21. Mai 1993 zu übernehmen, erwies sich aber aufgrund der zahlreichen und komplizierten Gespräche als unmöglich.
Im Sommer 1993 nahm die Privatisierung des »Wilden Roberts« endlich konkrete Formen an. Der Zweckverband Döllnitzbahn und PRO BAHN erarbeiteten ein Konzept zum Weiterbetrieb der Schmalspurbahn. Außerdem hatten der Landkreis Oschatz und PRO BAHN am 27. Februar 1993 eine Betreibergesellschaft gegründet, aus der schließlich am 15. Dezember 1993 die Döllnitzbahn GmbH (DBG) als erste nichtbundeseigene Eisenbahn des öffentlichen Verkehrs im Freistaat Sachsen hervorging. Der wichtigste Kunde der Strecke, das Kaolinwerk

Von der Deutschen Reichsbahn übernommene Personen- und Packwagen

Personenwagen

Wagen-Nr.	Gattung	Hersteller	Baujahr	Bemerkungen
970-251	KB 4	Bautzen	1922	1983 modernisiert; von Freital-Hainsberg
970-277	KB 4tr	Werdau	1922	Altbauwagen; von Zittau
970-473	KB 4	Bautzen	1913	Mannschaftswagen für den Hilfszug der Est Mügeln; 1979 modernisiert
970-497	KB 4	Bautzen	1913	1982 modernisiert; von Cranzahl
970-502	KB 4	Bautzen	1914	1983 modernisiert; von Zittau
970-503	KB 4	Bautzen	1914	1982 modernisiert; von Zittau
970-539	KB 4tr	Werdau	1922	Altbauwagen; von Radebeul Ost
970-572	KB 4	Bautzen	1926	Altbauwagen; von Zittau
970-622	KB 4tr	Bautzen	1922	Altbauwagen; von Radebeul Ost

Packwagen

Wagen-Nr.	Gattung	Hersteller	Baujahr	Bemerkungen
974-304	KD 4	Eigenbau	1910	+ 1985; Bahnhofswagen Mügeln (Feuerlöschgerätewagen)
974-307	KD 4	Eigenbau	1910	von Cranzahl; + 1987
974-309	KD 4	Gotha	1912	+ 1981
974-326	KD 4	Werdau	1915	von Cranzahl
974-361	KD 4	Bautzen	1929	1987 modernisiert
974-362	KD 4	Bautzen	1929	1987 modernisiert; von Cranzahl
974-365	KD 4	Bautzen	1929	1987 modernisiert
974-369	KD 4	Bautzen	1930	1988 modernisiert; von Radebeul Ost

in Kemmlitz, erklärte sich bereit, auch weiterhin Güter auf der Schiene transportieren zu wollen, allerdings nicht mit der bisherigen Technologie. Das Rohkaolin sollte künftig in schmalspurigen Kippwagen nach Oschatz gebracht und dort in einer Umladehalle in Regelspurwagen verladen werden. Der Bau der notwendigen Halle begann im Sommer 1993. Die Kosten finanzierte das Kaolinwerk.

Im Herbst 1993 waren die Tage des »Wilden Roberts« unter Reichsbahn-Regie gezählt. Ein letztes Mal herrschte Hochbetrieb. Die jeweils zwei Nahgüterzüge (Ng) nach Oschatz und Kemmlitz waren oft so gut ausgelastet, dass die zweite Leistung nach Oschatz (Ng 67883) mit zwei Dampfloks bespannt werden musste. Im Oktober 1993 waren noch fünf Exemplare der Baureihe 99^{51-60} in der Est Mügeln stationiert. Ende November 1993 standen täglich drei Exemplare der ehemaligen Gattung IV K unter Dampf – zwei Maschinen für den Planbetrieb, die dritte als Bauzuglok. Diese Dienste teilten sich meist 099 703-1 (ex 99 1561-2), 099 709-8 (ex 99 1584-4) und 099 713-0 (ex 99 1608-1).

Am 17. Dezember 1993 war es dann soweit: Der bereits einige Wochen zuvor in Berlin (25.11.1993) paraphierte Übergabevertrag zwischen der DBG und der Deutschen Reichsbahn wurde unterzeichnet. Die DR, vertreten durch den Präsidenten der Rbd Dresden (Hans-Joachim Lücking), gab zum symbolischen Preis von einer D-Mark neben der Infrastruktur und drei Dampfloks (99 1561-2, 99 1574-5 und 99 1584-4) auch jeweils acht Personen- und Packwagen, mehrere Güter- und Rollwagen sowie einige Bahndienstfahrzeuge an die DBG ab. Am selben Tag endete auch die Betriebsführung der DR auf der Strecke Oschatz–Mügeln (b Oschatz)–Kemmlitz. Zur Feier des Tages hatten Eisenbahnfreunde die 99 1561-2 mit Tannengrün an der Rauchkammer und einer entsprechenden Kreideanschrift an den Wasserkästen geschmückt. Die Maschine bespannte gemeinsam mit 99 1584-4 die letzten Güterzüge. Mit acht beladenen Rollwagen im Schlepp dampften die beiden IV K vor dem Ng 67883 gegen 10 Uhr von Mügeln nach Oschatz und kehrten anschließend als Leerfahrt zurück. Doch die meisten Eisenbahner waren an diesem denkwürdigen Tag nicht in Feierlaune, da lediglich vier von ihnen zur DBG wechseln konnten. Drei Tage später übernahm die DBG offiziell den Betrieb – der »Wilde Robert« war gerettet.

Alle fünf in der Est Mügeln stationierten IV K versammelten sich am 12. November 1993 zu einer Abschiedsparade vor dem heimatlichen Lokschuppen. 099 703-1 (rechts) verdeckt jedoch 099 705-6. Drei Maschinen übernahm die DBG. Foto: D. Endisch

Schmalspurbahnen in Deutschland

Döllnitzbahn GmbH

Wiedereröffnung Kemmlitz Ort–Kemmlitz

Am 9. September 2018 nahm die Döllnitzbahn GmbH (DBG) den seit mehr als zehn Jahren nicht mehr befahrenen Abschnitt Kemmlitz Ort–Kemmlitz wieder in Betrieb. Bereits in den 1990er-Jahren hatte sich der Zustand des Oberbaus auf der auch als »Kaolinbahn« bezeichneten Stichstrecke Nebitzschen–Kemmlitz erheblich verschlechtert. Dies galt vor allem für die so genannte Poppitzer Kurve, deren Bahndamm beim Frühjahrshochwasser 2006 schwer beschädigt wurde. Da der DBG aber damals die finanziellen Mittel zur Instandsetzung fehlten, musste die »Kaolinbahn« am 12. April 2006 gesperrt werden. Allein in der Poppitzer Kurve mussten etwa 520 Schwellen ersetzt werden. Erst mit einem Zuschuss der Sparkassenstiftung Torgau-Oschatz in Höhe von 50.000 Euro konnte im März 2017 mit der Sanierung des Oberbaus begonnen werden. Zunächst wurde der Abschnitt Nebitzschen–Kemmlitz Ort instandgesetzt und am 9. Juni 2017 wieder eröffnet. Anstelle der ursprünglichen Holzschwellen mit K-Oberbau wurden Betonschwellen mit W-Oberbau und Spannklammern verwendet. Ein gutes Jahr später, am 8. September 2018, nahm die DBG das Teilstück Kemmlitz Ort–Kemmlitz wieder in Betrieb.

Wiederinbetriebnahme 99 584

Für die Dampfzugfahrten auf der als »Wilder Robert« bekannten Schmalspurbahn Oschatz–Mügeln–Kemmlitz/Glossen hält die DBG seit 8. September 2018 die 99 584 vor. Die 1912 von der Sächsischen Maschinenfabrik AG (SMF), vormals Richard Hartmann, gelieferte Meyer-Maschine (Fabrik-Nr. 3.595) war seit 1962 auf den Strecken des Mügelner Schmal-

Döllnitzbahn: *Am 8. September 2018 nahm die DBG den Betrieb auf dem Abschnitt Kemmlitz Ort–Kemmlitz wieder auf. Den Eröffnungssonderzug bespannte die erst wenige Wochen zuvor in Betrieb genommene 99 584. Foto: G. Gattermann*

***Döllnitzbahn:** Von Ende August bis zum 31. Oktober 2018 verfügte die DBG mit 99 1574-5 und 99 1584-4 über zwei betriebsfähige IV K. Am 22. September 2018 waren beide Loks mit einem Fotogüterzug bei Naundorf unterwegs. Foto: D. Endisch*

spurnetzes im Einsatz. Die DBG übernahm 99 584 im Dezember 1993 von der Deutschen Reichsbahn. Ab 16. Oktober 1997 war die Lok an die Sächsisch-Oberlausitzer Eisenbahn-Gesellschaft mbH (SOEG) vermietet. Hier absolvierte die Maschine am 16. Dezember 2000 auch ihren vorerst letzten Einsatz. Ab 1. Juni 2001 vermietete die DBG 99 584 an die Eisenbahn Betriebs-Gesellschaft mbH (EBG), die die Gelenklok nach Prora brachte und dort in einem für die Besucher nicht zugänglichen Bereich des Technik- und Eisenbahnmuseums abstellte. Erst am 16. Oktober 2009 traf 99 584 wieder in Mügeln ein. Hier wurde die Maschine aber zunächst nur äußerlich aufgearbeitet und als Schaustück verwendet. Drei Jahr später beschloss die DBG, 99 584 als Ersatz für 99 574 betriebsfähig aufzuarbeiten und mit einer Druckluftbremse auszurüsten. Dazu wurde die Maschine 2013 demontiert und befundet. Dabei zeigte sich, dass der Kessel ersetzt werden musste. Mit dem Bau des neuen Dampferzeugers wurde die Lonkwitz Edelstahltechnik GmbH in Wetzlar beauftragt. Ziel war es, 99 584 im Jahr 2016 wieder in Betrieb zu nehmen. Dies war jedoch aufgrund der notwendigen Arbeiten nicht möglich. Erst am 14. Dezember 2016 traf der neue Kessel in Mügeln ein, bevor dann in der neuen Lokwerkstatt der SOEG in Zittau die Endmontage der 99 584 begann. Am 1. August 2018 erfolgte schließlich die Abnahme der Maschine, die nun mit einer Druckluftbremse ausgerüstet war. Im Gegensatz zur 99 574 wurde bei der 99 584 die Luftpumpe rechts vor dem Führerhaus, im ehemaligen Werkzeugkasten, untergebracht. Optisch wirkt die Maschine daher deutlich gefälliger als 99 574. Die beiden Luftbehälter wurden links und rechts auf den Wasserkästen montiert und durch Aufsätze (Werkzeugkästen) verdeckt. Ihren ersten öffentlichen Auftritt unter Dampf hatte 99 584 in Bertsdorf während der »Historik Mobil« (02.–05.08.2018). Anschließend gastierte 99 584 beim Bahnhofsfest des Vereins »Schwarzbachbahn e.V.« in Lohsdorf (25./26.08.2018). Von dort ging es nach Mügeln, wo die Lok am 27. August 2018 eintraf. Am 8. September 2018 war es dann endlich soweit: 99 584 bespannte nach mehr als 20 Jahren erstmals wieder einen Zug auf dem »Wilden Robert«.

Leider verliefen die ersten Einsätze der 99 584 nicht immer reibungslos. Während der Dampfzugfahrten am 5. und 6. Januar 2019 kam es zu erheblichen Triebwerksproblemen, die die DBG zwangen, 99 584 abzustellen. Bei einer Untersuchung am 8. Januar 2019 wurden erhebliche Maßabweichungen am vorderen Triebwerk festgestellt. Daher wurde das vordere Dreh-

Döllnitzbahn: *99 1584-4 (Vorspann) und 99 1574-5 waren am 22. und 23. September 2018 mit Fotogüterzügen auf dem »Wilden Robert« im Einsatz, hier beim Überqueren der so genannten Wanderbrücke bei Altoschatz-Rosenthal. Foto: D. Endisch*

gestell ausgebaut und zur Instandsetzung nach Oberwiesenthal zur Lokwerkstatt der Sächsischen Dampfbahnen GmbH gebracht. Das Drehgestell traf am 11. Februar 2019 wieder in Mügeln ein. Bei Redaktionsschluss für diese Ausgabe (15.02.2019) rechnete die DBG mit einem Wiedereinsatz der 99 584 zu den Osterfahrten 2019.

Fristablauf 99 574

Am 31. Oktober 2018 absolvierte 99 574 der DBG ihre letzten Einsätze. Die SMF lieferte die Maschine 1912 (Fabrik-Nr. 3.556) an die Königlich Sächsischen Staatseisenbahnen (K.Sächs.Sts.E.B.), die die Meyerlok dem Lokbahnhof Lommatzsch zuwiesen. Später war die ab 1925 als 99 574 bezeichnete Gelenklok auch in Döbeln Nord und Mügeln stationiert. Die Maschine war äußerst standorttreu. Die Einsätze auf dem Mügelner Schmalspurnetz wurden nur durch kurze Gasteinsätze beim VEB Mansfeld-Kombinat (1951), der Schmalspurbahn Mulda–Sayda (1955, 1958) und den Strecken der ehemaligen Kleinbahnen des Kreises Jerichow I (1955) unterbrochen. Mit der Privatisierung der Strecke Oschatz–Mügeln–Kemmlitz am 20. Dezember 1993 gab die Deutsche Reichsbahn (DR) 99 574 an die DBG ab. Diese ließ die Maschine als erste in Sachsen eingesetzte IV K im Werk Görlitz (09.09.–17.12.1996) mit einer Druckluftbremse ausrüsten. Die zweistufige Luftpumpe der Bauart Knorr fand ihren Platz vor dem linken Wasserkasten. Die beiden Hauptluftbehälter wurden auf den Wasserkästen montiert und durch nachgebildete Werkzeugkästen verdeckt. Als Führerbremsventil wurde ein Ventil der Bauart Knorr Nr. 8 verwendet. Durch die waagerechte Anordnung des Bremszylinders musste auch der Bremsgestängehebel verändert werden. Bei der Abnahme am 23. Dezember 1996 wurden kleinere Mängel festgestellt, die in Mügeln beseitigt wurden. Am 28. März 1997 erhielt die DBG die Betriebserlaubnis für 99 574, die nun bis zum Ablauf ihrer Untersuchungsfristen am 24. März 2001 im Güterverkehr aushalf und bei Bedarf auch Personenzüge bespannte. Erst 2006 begann die DBG in Mügeln mit der Instandsetzung der 99 574, die nach ihrer Abnahme am 27. Mai 2007 wieder eingesetzt werden konnte. Mit jährlich 50 bis 60 Betriebstagen war 99 574 fortan eine der am meisten eingesetzten Meyer-Maschinen. Dabei bespannte die Lok nicht nur Züge auf ihrer Stammstrecke, sondern war u.a. auch auf der als »Pollo« bekannten Museumsbahn Mesendorf–Lindenberg, bei der SOEG in Zittau, in Schönheide Süd und in Lohnsdorf (Verein »Schwarzbachbahn e.V.«) im Einsatz. Nach ihrer Verabschiedung am Abend des 31. Oktober 2018 wurde 99 574 konserviert in Mügeln abgestellt.

Döllnitzbahn: *Die DBG beschaffte als erster Betreiber einer sächischen Schmalspurbahn einen Triebwagen für den planmäßigen Personenverkehr. Das als VT 137 515 bezeichnete Fahrzeug stammt aus Österreich (Reihe 5090 der ÖBB). Am 7. Dezember 2018 stand VT 137 515 abfahrbereit im Bf Mügeln.*
Foto: G. Mackinger

Vorstellung des VT 135 515

Mit dem Einsatz des Triebwagens VT 135 515 im Schienenpersonennahverkehr (SPNV) auf der Strecke Oschatz–Mügeln–Kemmlitz schlägt die DBG ein neues Kapitel in der Geschichte der sächsischen Schmalspurbahnen auf. Bereits bei der Übernahme des »Wilden Roberts« durch die DBG im Jahr 1993 gab es erste Ideen, im Personenverkehr Triebwagen einzusetzen. Dies scheiterte jedoch, da keine geeigneten Fahrzeuge verfügbar waren. Erst im Jahr 2017 konnte die DBG von der Niederösterreichischen Verkehrsorganisationsgesellschaft (NÖVOG) den ehemaligen Triebwagen 5090.015 der Österreichischen Bundesbahnen (ÖBB) erwerben.

Die Reihe 5090 basiert auf einer Entwicklung für die Steiermärkischen Landesbahnen (StLB). Diese beschafften im November 1980 für die als »Murtalbahn« bezeichnete Strecke Unzmarkt–Murau–Mauterndorf von der Franz Knotz KG in Wien den vierachsigen Triebwagen VT 31, der sich hervorragend bewährte (siehe S. 79). Daher stellten die StLB weitere drei Exemplare in Dienst (VT 32–VT 34), denen 1999 ein letztes Fahrzeug (VT 35) folgte. Die guten Erfahrungen, die die StLB mit ihren vierachsigen dieselelektrischen Triebwagen gesammelt hatten, weckten das Interesse der ÖBB, die Anfang der 1980er-Jahre neue Fahrzeuge für den Personenverkehr auf ihren Schmalspurbahnen benötigten. Die ÖBB mieteten den VT 34 der StLB an, der im Juli 1983 Testfahrten auf den Schmalspurbahnen im Waldviertel absolvierte. Im Oktober 1983 folgten mit dem VT 34 der StLB Probefahrten auf der Pinzgauer Lokalbahn (Strecke Zell am See–Krimml). Dabei zeigte sich, dass der VT 34 den betrieblichen und technischen Belangen entsprach. Die ÖBB gaben daher bei der Firma Knotz eine modifizierte Version des VT 34 der StLB in Auftrag. Die Fahrzeuge der Reihe 5090 unterschieden sich von den Triebwagen der StLB durch ihre größere Länge über Puffer. Außerdem wurden der Drehgestell- und Drehzapfenabstand verlängert. Die für eine Höchstgeschwindigkeit von 70 km/ zugelassenen Triebwagen besaßen einen MAN-Motor des Typs D 2866 U (Nennleistung 320 PS) und eine elektrische Kraftübertragung. Die ÖBB stellten die fünf Triebwagen 1986 bei der Zugförderungsstelle (Zf) Gmünd/NÖ in Dienst. Allerdings wurden 5090.001 bis 5900.003 nach kurzer Zeit der Zf Zell am See zugeteilt. 1991 beschafften die ÖBB zwei weitere Exemplare (5090.006 und 5090.007), die aber von Bombardier gebaut wurden. Die elektrische Ausrüstung lieferte ABB. In den Jahren 1994/95 folgte ein weiteres Baulos von Bombardier mit insgesamt zehn Exemplaren (5090.008–5090.017), die sich optisch durch ihre eckigen Spitzenlichter von den anderen Fahrzeugen unterschieden. Die ÖBB verteilten die Triebwagen auf die Zugförderungsstellen St. Pölten, Waidhofen/Ybbs und Zell am See. 5090.015 (Baujahr 1995; Fabrik-Nr. 867/H008) gelangte zur Zf St. Pölten. Diese setzte die Triebwagen der Reihe 5090 zunächst auf der als »Krumpe« bezeichneten Zweigstrecke Ober-Grafendorf–Wieselburg–Gresten der Mariazellerbahn ein. Später waren die Triebwagen von Ober-Grafendorf aus auch auf der Mariazellerbahn bis nach Kirchberg ab der Pielach und Mariazell im Einsatz. Ab Dezember 2003 benötigte die Zf St. Pölten die Triebwagen nur noch für den Restbetrieb auf dem rund 18 km langen Abschnitt Ober-Grafendorf–Mank. Umlaufbedingt kamen die Fahrzeuge nun auch bis nach St. Pölten. Am 1. Januar 2011 gaben die ÖBB die Mariazellerbahn an das Land Niederösterreich ab. Damit wechselten auch elf Triebwagen (5090.007–5090.017) zur NÖVOG, die die Fahrzeuge in VT 7 bis VT 17 umzeichnete. Nach der Einstellung des Personenverkehrs auf der »Krumpe« benötigte die NÖVOG die ehemalige Reihe 5090 nur noch für die Waldviertler Schmalspurbahnen und die so genannte Citybahn in Waidhofen/Ybbs, wo der VT 15 zuletzt stationiert war. Mangels Bedarfs war der Triebwagen aber bereits einige Zeit abgestellt, als die DBG das Fahrzeug 2017 erwarb. Anschließend wurde der Triebwagen nach Jenbach überführt, wo er in der Werkstatt der Zillertalbahn eine Hauptuntersuchung erhielt. Dabei wurde der Triebwagen auch an die Einsatzbedingungen in Sachsen angepasst. Die DBG reihte das Fahrzeug als VT 135 515 in ihren Fahrzeugbestand ein und ließ es entsprechend dem Farbschema der DR in Bordeauxrot/Beige lackieren.

Im Sommer 2018 waren die Arbeiten in Jenbach beendet. Nach einer Probefahrt am 9. August 2018 waren noch einige Nacharbeiten notwendig, bevor der Triebwagen nach Zittau transportiert wurde. Hier traf der VT 135 515 am 20. September 2018 für weitere Anpassungsarbeiten (Einbau der Zug- und Stoßvorrichtung für den Beiwagen-Einsatz) sowie Probe- und Ausbildungsfahrten für das Personal ein. Im Zittauer Gebirge sorgte der Triebwagen nicht nur bei den Eisenbahnfreunden für Aufsehen. Am 2. November 2018 half das Fahrzeug auf der Zittauer Schmalspurbahn aus (Zugpaare 312/313 und 314/315). Am 3. und 4. November 2018 setzte die SOEG den VT 135 515 abermals im Plandienst ein. Einige Tage später, am 19. November 2018, kam der Triebwagen in Mügeln an. Bereits am nächsten Tag folgten die ersten Testfahrten auf der Strecke Oschatz–Mügeln–Glossen. Dabei wurde das Fahrverhalten des von 760 auf 750 mm umgespurten Triebwagens in den Gleisbögen untersucht und das Triebfahrzeugpersonal eingewiesen. Die offizielle Vorstellung des Triebwagens erfolgte am 7. Dezember 2018 in Oschatz, wo die DBG zeitgleich die neue Mobilitätszentrale im Empfangsgebäude des Bahnhofs eröffnete. Bei »Schnupperfahrten« konnten sich die Reisenden von den Vorzügen des VT 135 515 überzeugen.

Bei Redaktionsschluss sollte der VT 135 515 nach den Winterferien (ab 03.03.2019) schrittweise den SPNV übernehmen. Die DBG plant, den Triebwagen aber zunächst nur zwei oder drei Tage in der Woche einzusetzen, da noch nicht alle Triebfahrzeugführer für den VT 135 515 ausgebildet werden konnten. Damit ist die DBG die erste Schmalspurbahn in Sachsen, die einen Triebwagen planmäßig im SPNV einsetzt. Die beiden bisher für den Personenverkehr verwendeten Dieselloks 199 030 und 199 031 dienen nun als Reserve.

Döllnitzbahn: *Mit dem Einsatz des Triebwagens VT 137 515 schlägt die DBG ein neues Kapitel in der Geschichte der sächsischen Schmalspurbahnen auf. Als erstes Unternehmen bestreitet die DBG ihren Personenverkehr mit einem Triebwagen. Am 6. Dezember 2018 verließ der VT 137 515 den Lokschuppen in Mügeln für eine Probefahrt.*
Foto: G. Mackinger

Döllnitzbahn: *In den Bau der 90 m langen Wagenremise im Bf Mügeln wurden rund 200.000 Euro investiert. Die Seiten werden noch verschlossen. Am 30. Januar 2019 verließ 199 030-8 mit einem Personenzug den Bf Mügeln. Foto: N. Kunick*

Wagenremise in Mügeln

Bereits seit einiger Zeit plante die DBG im Bahnhof Mügeln den Bau einer zweigleisigen Abstellhalle für ihre Wagen (Gleise 13 und 14). Die Bauarbeiten dazu begannen im Herbst 2017. Zunächst musste dafür eine neue Weiche verlegt und ein zusätzliches Gleis gebaut werden. Mit dem Setzen der 46 Fundamente, die das Holzständerwerk tragen, nahm das Vorhaben im Frühjahr 2018 schließlich konkrete Gestalt an. Im Herbst 2018 war der Rohbau der 90 m langen Wagenremise fertiggestellt. Die Seitenwände werden noch geschlossen (mit Lichtband). Die Kosten für dieses Vorhaben in Höhe von rund 200.000 Euro werden zu 90 % durch Fördermittel des Landkreises Nordsachsen finanziert.

Mansfelder Bergwerksbahn

Der Verkehrsminister des Landes Sachsen-Anhalt, Dr. Thomas Webel, übergab am 25. Juli 2018 in Klostermansfeld an den Vorsitzenden des Vereins »Mansfelder Bergwerksbahn e.V.«, Thomas Fischer, einen Fördermittelbescheid in Höhe von 250.000 Euro für die betriebsfähige Aufarbeitung der Lok 11. Diese prägte gemeinsam mit ihren fünf Schwestermaschinen (Betriebs-Nr. 6–11) über Jahrzehnte hinweg das Bild auf den Strecken des ehemaligen VEB Mansfeld-Kombinat »Wilhelm Pieck«.

Ab 1880 wurden die Kupferschiefergruben und Hütten im Mansfelder Revier durch eine 750 mm-Werkbahn verbunden. Das Streckennetz erreichte bis Anfang der 1920er-Jahre eine Länge von rund 90 km. Die vorhandenen zwei- und dreifachgekuppelten Dampfloks genügten nun nicht mehr den betrieblichen Belangen. Die Bergwerksbahn beschaffte daher von der Orenstein & Koppel AG 1931 vier moderne Dh2t-Maschinen, die sich von Beginn an hervorragend bewährten. Die rund 350 PS starken und für 30 km/h zugelassenen Vierkuppler bespannten zunächst schwere Rollwagen- und Erzzüge. Später übernahmen die Maschinen auch Aufgaben im Personenzugdienst. 1936 und 1940 lieferte O & K jeweils eine weitere baugleiche Maschine. Zur Leistungssteigerung erhielt die Lok 10 im Jahr 1965 eine Ölhauptfeuerung, die sich jedoch nicht bewährte und nach nur drei Jahren wieder ausgebaut wurde.

Obwohl das Streckennetz der Bergwerksbahn in den 1960er-Jahren deutlich schrumpfte, hielt der Transportbetrieb des Mansfeld-Kombinats bis 1990 vier Dh2t-Maschinen betriebsfähig vor. Während die Lok 8 (ex Lok 6) ab 1989 als Schaustück vor dem Mansfeld-Museum in Hettstedt fungierte, wurden die Loks 7, 9, 10 und 11 im Jahr 1991 von der Mans-

Mansfelder Bergwerksbahn: *Bei der MaLoWa wird derzeit die Lok 11 der MBB wieder betriebsfähig aufgearbeitet. Am 15. April 2012 war die Dh2t-Maschine gemeinsam mit der Lok 20 in der Nähe des ehemaligen Niewandt-Schachtes unterwegs.*
Foto: D. Endisch

felder Transport GmbH übernommen, bevor die Maschinen ab 1993 in das Eigentum der MaLoWa Bahnwerkstatt GmbH übergingen. Nach dem Verkauf der Lok 7 im Jahr 2002 und der Lok 9 im Jahr 2014 verblieben lediglich zwei Maschinen im Mansfelder Land, von denen allerdings derzeit keine betriebsfähig ist. Während die Lok 10 bereits seit dem 25. Mai 2004 abgestellt ist, absolvierte die Lok 11 im April 2012 ihre (vorerst) letzten Einsätze.
Ziel des MBB ist es nun, mit der Lok 11 wieder eine für das Mansfelder Land typische Dampflok für Sonderfahrten auf der 10,7 km langen Schmalspurbahn Benndorf–Hettstedt Kupferkammerhütte zu reaktivieren. Die Kosten für die Hauptuntersuchung bei der MaLoWa werden derzeit auf rund 400.000 Euro veranschlagt. Ein Großteil dieser Summe wird durch die Fördermittel des Landes Sachsen-Anhalt gedeckt. Außerdem erhält der Verein Unterstützung durch die Volks- und Raiffeisenbank Eilsleben und die Ostdeutsche Sparkassenstiftung. Darüber hinaus steuert der MBB einen Eigenanteil in Höhe von 40.000 Euro bei, der in erster Linie durch Spenden finanziert wird.

Mecklenburgische Bäderbahn Molli

Die Mecklenburgische Bäderbahn Molli GmbH & Co. KG (MBB) setzte im Sommerfahrplan 2018 wieder zwei Züge im Stundentakt ein. Im September 2018 bestritten die Neubaulok 99 324 (letzte Untersuchung am 17.03.2017) und die gerade im Dampflokwerk Meiningen instandgesetzte 99 323 (Abnahme am 07.06.2018) den Plandienst auf der 15,4 km langen Strecke Bad Doberan-Kühlungsborn West. Entlang des größten Teils der Strecke – außerhalb von Kühlungsborn und Bad Doberan – wurde wieder eine Freileitung errichtet. Am 17. Juli 2018 wurde der Abschnitt entlang der Steilküste bis Fulgen übergeben. Betrieblich notwendig ist die Fernsprechleitung zwar nicht mehr, doch ohne die Telegrafenleitung fehlte der Schmalspurbahn etwas.

Martin Raddatz

Interessengemeinschaft Preßnitztalbahn

VI K im Doppelpack

Mit einer besonderen Attraktion überraschte die Interessengemeinschaft Preßnitztalbahn e.V. (IGP) am 14. und 15. April 2018 die Schmalspurbahnfans. An beiden Tagen setzte die IGP neben 99 715 auch 99 715 der Sächsischen Dampfeisenbahngesellschaft mbH (SDG) auf der 7,8 km langen Museumsbahn Steinbach–Jöhstadt ein. Während eine Maschine die planmäßigen Museumszüge bespannte, dampfte die zweite VI K mit verschiedenen Güterzügen bzw. Personenzügen mit Güterbeförderung (Pmg) durch das Schwarzwassertal. Die »Starleistung« an beiden Tagen war zweifelsohne der mittags verkehrende Pmg 14153 Steinbach–Jöhstadt, der mit beiden VI K bespannt wurde.

IG Preßnitztalbahn: *Am 14. und 15. April 2018 setzte die IGP mit 99 1713-9 und 99 1715-4 zwei Loks der ehemaligen sächsischen Gattung VI K auf der Preßnitztalbahn ein. Der mittags verkehrende Pmg 14153 Steinbach–Jöhstadt wurde mit beiden Maschinen bespannt, hier am 14. April 2018 bei der Einfahrt in Schmalzgrube.*
Foto: D. Endisch

50 Jahre LGB auf der Preßnitztalbahn

Der Modelbahnhersteller Märklin feierte das 50-jährige Jubiläum der Lehmann-Groß-Bahn (LGB) Pfingsten 2018 (19.–21.05.2018) bei der Preßnitztalbahn im Erzgebirge. Dazu verwandelte sich die Ausstellungs- und Fahrzeughalle in Schlössel in eine Festmeile mit verschiedenen Verkaufsständen und Gartenbahn-Anlagen.

Die Museumsbahn Steinbach–Jöhstadt ist weit über die Grenzen Sachsens hinaus bekannt und so war es eine ausgezeichnete Idee, das LGB-Jubiläum im Erzgebirge zu feiern. Eigens für diesen Anlass wurden die Dampfloks 99 4632 und 99 4652 sowie zwei Personenwagen der Rügenschen Bäderbahn (RüBB) als Gastfahrzeuge ins Erzgebirge gebracht. Damit konnten die zahlreichen Gäste neben den Fahrzeugen der IGP – drei IV K (99 542, 99 568 und 99 590) und eine VI K (99 715) – insgesamt sechs Dampflokomotiven im Betrieb bewundern. Durch den Tausch der Zuglokomotiven im Bahnhof Jöhstadt konnten die Besucher und Fahrgäste zudem unterschiedliche Bespannungen erleben. Drei Züge pendelten im 45 Minuten-Takt auf der Strecke. Rund 5.500 zahlende Reisende zählten die Mitglieder der IGP an den Pfingstfeiertagen. Ein vierter Zug verkehrte als Zubringer zur Ausstellungs- und Fahrzeughalle auf dem Abschnitt Schlössel–Jöhstadt. Der hier eingesetzte Zug konnte kostenlos genutzt werden.

Die Mitglieder der IGP sorgen immer wieder für Neuigkeiten und einen abwechslungsreichen Betrieb

IG Preßnitztalbahn: *Pfingsten 2018 gab die 99 4632 der RüBB ein Gastspiel bei der Preßnitztalbahn. Am 20. Mai 2018 pausierte die Maschine in Jöhstadt.*
Foto: D. Endisch

in einem Zusammenspiel von mustergültig gepflegten Fahrzeugen und intakter Infrastruktur. Letztere wird derzeit durch den Abschnitt in Richtung Jöhstadt Ladestelle erweitert. *Thomas Oberkalmsteiner*

Rügensche BäderBahn

Bahnhofsgebäude Baabe

Wie bereits im Band 43 von »Zeunert´s Schmalspurbahnen« (S. 28) berichtet, verzögert sich die Sanierung des Bahnhofsgebäudes in Baabe. Die Bauarbeiten konnten auch im Herbst 2018 nicht, wie von der Rügenschen BäderBahn (RüBB) erhofft, fortgesetzt werden. Dies ist den Streitigkeiten um den Denkmalschutz und um die behördlichen Zuständigkeiten für die notwendigen Baugenehmigungen geschuldet. Da die RüBB nicht in der Hochsaison bauen will, müssen die Arbeiten im Herbst beginnen. Gelingt dies im Herbst 2019, könnte die Baustelle auf dem Bahnhof Baabe im Sommer 2020 endlich Geschichte sein. *Martin Raddatz*

Schlepplok auf dem Dreischienenabschnitt

Auf der Strecke Putbus–Lauterbach-Mole (Dreischienengleis mit 1.435 und 750 mm Spurweite) werden die Schmalspurzüge auf der Rückfahrt von einer Schlepplok gezogen. Stammfahrzeug für diesen Dienst ist die Diesellok 251 901 (Gmeinder 5.327/ 1964) der Eisenbahn-Bau und Betriebsgesellschaft Pressnitztalbahn mbH (PRESS). Die Maschine erhielt im Sommer 2018 im Werk Cottbus der Deutschen Bahn AG eine Hauptuntersuchung. In diesem Zusammenhang wurde die Maschine mit zwei neuen Caterpillar-Motoren des Typs C 9.3 (jeweils 224 kW Leistung) ausgerüstet. Danach erfolgten ab September 2018 Probefahrten auf der Strecke Putbus–Göhren, bevor die Lok am 8. November 2018 wieder in Betrieb ging. Zwischenzeitlich wurde eine Dampflok für die Schleppdienste verwendet. In der ersten Septemberwoche 2018 übernahm 99 4632, die älteste Dampflok im Bestand der RüBB (Vulcan 2.951/ 1914), diese Aufgabe. Die RüBB hatten die Maschine im Januar 2018 nach einer Hauptuntersuchung im Dampflokwerk (DLW) Meiningen wieder in Betrieb

Rügensche BäderBahn: *Die RüBB hält die beiden 1´Dh2t-Maschinen der Baureihe 99^{480} meist als Reserve vor. Ende 2018 war 99 4802-7 zeitweilig im Plandienst anzutreffen, hier am 31. Dezember 2018 mit dem P 104 bei Sellin.* *Foto: M. Raddatz*

Rügensche BäderBahn: *251 901-5 fungiert in erster Linie als Schlepplok für die Strecke Putbus–Lauterbach Mole. Nur selten ist die Maschine im Streckendienst anzutreffen. Dies war am 10. September 2017 in Baabe der Fall. Foto: M. Raddatz*

genommen. 99 4632 wurde erneut in den klassischen Reichsbahn-Farben Rot und Schwarz lackiert, so dass derzeit keine der beiden Vulcan-Loks mehr im grünen Farbkleid der 1920er- und 1930er-Jahre auftritt. Es ist geplant, 99 4633 bei der nächsten Hauptuntersuchung wieder grün zu lackieren. *Martin Raddatz*

Hauptuntersuchung für 99 783

Am 12. November 2018 wurde 99 783 der PRESS zur Hauptuntersuchung in das DLW Meiningen überführt. Die 1953 vom VEB Lokomotivbau »Karl Marx« Babelsberg gebaute Maschine (Fabrik-Nr. 32.024) soll den Fahrzeugpark der von der PRESS betriebenen RüBB verstärken. Die Deutsche Bahn AG (DB AG) musterte die zuletzt in Freital-Hainsberg stationierte Neubaulok am 31. Dezember 1998 aus. Die Rügensche Kleinbahn GmbH & Co. (RüKB) erwarb die Maschine am 6. August 1999 und ließ sie für den Einsatz auf der Strecke Putbus–Göhren im DLW Meiningen aufarbeiten. Nach ihrer Abnahme am 23. Februar 2000 war die Maschine bis zum 31. Dezember 2007 auf dem »Rasenden Roland« im Einsatz. Nach der Übernahme der Betriebsführung durch die PRESS Anfang 2008 war die Maschine längere Zeit mit drei weiteren Dampfloks am Rande des Bahnhofs Putbus abgestellt. Erst im Juli 2014 gelang es der PRESS, die Maschine zu erwerben. Die Lok wurde dann auf einen Transportwagen verladen und im ehemaligen Bahnbetriebswerk (Bw) Glauchau als Ausstellungsstück hinterstellt. Im Oktober 2017 gelangte 99 783 zurück nach Putbus, wo sie im Sommer 2018 auf einem Gleis im ehemaligen Museumsgelände zu sehen war. Im November 2018 wurde die Maschine schließlich nach Meiningen transportiert, wo sie derzeit betriebsfähig aufgearbeitet wird. Noch in diesem Jahr soll sie den Betriebspark der RüBB ergänzen.

Martin Raddatz

Hochbetrieb zum Jahreswechsel 2018/2019

Inzwischen herrscht nicht nur in den Sommermonaten Hochsaison in den Seebädern auf der Insel Rügen. Auch über die Weihnachtsfeiertage und den Jahreswechsel besuchen immer mehr Touristen die größte Ostseeinsel. Die meisten Urlauber zieht es bei kaltem Wetter aber ins Trockene und Warme, eine Fahrt mit dem »Rasenden Roland« gehört da fast schon zum touristischen Pflichtprogramm. Die RüBB stellten sich darauf ein und boten über den Jahreswechsel (27.12.2018–02.01.2019) einen Sonderfahrplan an. Dieser umfasste im Vergleich zum Fahrplan der Nebensaison (Anfang Oktober 2018 bis Ende Mai 2019) einen weiteren Frühzug von

Sächsische Dampfeisenbahngesellschaft: *Die Regionalverkehr Erzgebirge GmbH (RVE) gab zum 1. Januar 2019 ihre Anteile an der SDG ab. Die SDG betreibt die Fichtelberg-, die Weißeritztal und die Lößnitzgrundbahn. Foto: D. Endisch*

Putbus (9.12 Uhr ab) nach Göhren, vier Pendelfahrten von Putbus nach Lauterbach Mole und stündlich einen Zug zwischen den Seebädern Binz und Göhren anstatt alle zwei Stunden. Dieses Angebot machte den Einsatz eines dritten Zuges notwendig. Im Einsatz waren neben den Neubauloks 99 781 und 99 784 die 99 4802 sowie in einem der Züge ein bewirtschafteter Speisewagen. Das Angebot wurde gut angenommen. Die Personenwagen waren mit Weihnachtsmotiven dekoriert. *Martin Raddatz*

Sächsische Dampfeisenbahngesellschaft

Neuer Gesellschafter

Zum 1. Januar 2019 gab die Regionalverkehr Erzgebirge GmbH (RVE) ihre Anteile an der Sächsischen Dampfeisenbahngesellschaft mbH (SDG) ab. Fortan gehört das Unternehmen, das die Schmalspurbahnen Cranzahl–Kurort Oberwiesenthal (»Fichtelbergbahn«), Freital-Hainsberg–Kurort Kipsdorf (»Weißeritztalbahn«) und Radebeul Ost–Radeburg (»Lößnitzgrundbahn«) betreibt, den beiden Zweckverbänden Verkehrsverbund Mittelachsen GmbH (VMS) und Verkehrsverbund Oberelbe GmbH (VVO). Auf den Betrieb der drei Strecken und die insgesamt 105 Beschäftigten hat der Gesellschafterwechsel jedoch keine Auswirkungen. Die RVE gab ihren Anteil (65 %) an dem 1998 als BVO Bahn GmbH gegründeten Unternehmen aus vergaberechtlichen Gründen ab und konzentriert sich fortan wieder auf den Busverkehr im Erzgebirgskreis. Die Anteile an der SDG verteilen sich nun zu zwei Dritteln auf den VVO und zu einem Drittel auf die VMS. »Dies spiegelt die Tatsache wider, dass mit der Lößnitzgrundbahn und der Weißeritztalbahn zwei der drei Bahnen der SDG im Gebiet der VVO liegen«, wie der Zweckverbandsvorsitzende des VVO, Michael Harig (Landrat des Kreises Bautzen), in einer Pressemitteilung erklärte.

Durchwachsene Bilanz

Am 6. Februar 2019 stellten die SDG und der VVO die Bilanz der Strecken Freital-Hainsberg–Kurort Kipsdorf und Radebeul Ost–Radeburg vor. Auf der als »Weißeritztalbahn« bezeichneten Strecke Freital-Hainsberg–Kurort Kipsdorf zählte die SDG im Jahr 2018 rund 155.000 Fahrgäste. Damit ging die Zahl der Reisenden im Vergleich zum Vorjahr um etwa 37.000 zurück. »Dieser Rückgang hat neben der besonders hohen Nachfrage durch die Wiedereröffnung des oberen Abschnitts im Jahr 2017 vor allem einen statistischen Hintergrund«, erklärte der Eisenbahnbetriebsleiter der SDG, Mirko Froß. »In der Vergangenheit gingen die Familientageskarten mit 12 Fahrgästen je verkauftem Ticket in die Statistik ein, da dieses für sechs Personen und mindestens die Hin- und Rückfahrt gilt. Diesen Wert haben wir auf Basis der durchschnittlichen Familiengröße und unserer Erfahrungen auf acht reduziert«, so Froß weiter. Wäre die Berechnung auf der alten Grundlage erfolgt, hätte die Bilanz der SDG einen Rückgang der Fahrgastzahlen um etwa 25.000 ausgewiesen. Gleichwohl sieht Froß für die Weißeritztalbahn eine »mittelfristig positive Bilanz« und verweist dabei auf die Fahrgastzahlen im Juni 2018, wo die SDG 12.715 Reisende auf der Strecke Freital-Hainsberg–Kurort Kipsdorf zählte.

In den Zügen auf der als »Lößnitzgrundbahn« bekannten Strecke Radebeul Ost–Radeburg zählte die SDG 2018 rund 232.000 Reisende. Das ist trotz der neuen Berechnungsgrundlage eine Steigerung um etwa 4.000 Fahrgäste. Nach der alten Berechnung hätte die Bilanz der SDG für die Lößnitzgrundbahn etwa 243.000 Fahrgäste ausgewiesen. Die umsatzstärksten Monate waren hier der Mai und der September 2018 mit über 40.000 bzw. rund 25.000 Reisenden.

Auf beiden Strecken müssen die Schmalspurbahnfreunde im Verlauf des Jahres 2019 mit teilweise erheblichen Einschränkungen rechnen. Auf der Strecke Radebeul Ost–Radeburg ruht aufgrund notwendiger Bauarbeiten der Betrieb vom 1. bis zum 19. November 2019. Zwischen Freital-Hainsberg und Kurort Kipsdorf verkehren vom 4. bis zum 15. November 2019 keine Züge. Außerdem gibt es auf der »Weißeritztalbahn« vom 17. Juli 2019 an Einschränkungen. Da in Obercarsdorf eine neue Brücke über die Rote Weißeritz gebaut wird, verkehren in dieser Zeit die Dampfzüge nur auf dem Abschnitt Freital-Hainsberg–Dippoldiswalde. Das Teilstück Dippoldiswalde–Kurort Kipsdorf wird hingegen mit Bussen bedient. Die Bauarbeiten können aufgrund technischer Fragen und der bis dato fehlenden Zustimmung der Grundstückseigentümer erst jetzt ausgeführt werden. Mirko Froß erklärte dazu: »Aber wir planen, bis zum ersten Schnee fertig zu sein und bis dahin rollen während des Baus mehr Züge im unteren Abschnitt.«

Sächsische Dampfeisenbahngesellschaft: *Auf der »Weißeritztalbahn« Strecke Freital-Hainsberg–Kurort Kipsdorf verzeichnete die SDG 2018 rückläufige Fahrgastzahlen. Die Aufnahme zeigt 99 1734-5 am 29. Mai 2017 bei Malter. Foto: M. Klaus*

Interessengemeinschaft Spreewaldbahn

Die Interessengemeinschaft (IG) Spreewaldbahn e.V. übernahm am 29. Juni 2018 als Dauerleihgabe die Kleindiesellok 199 005 der Harzer Schmalspurbahnen GmbH (HSB). Die 1964 vom VEB Lokomotivbau »Karl Marx« Babelsberg (Fabrik-Nr. 250.353) gebaute Maschine des Typs V 10 C war nach ihrer Abnahme am 26. September 1964 zunächst beim VEB Imprägnier- und Spanplattenwerk Gotha im Einsatz. Die Deutsche Reichsbahn (DR) erwarb die Maschine 1969 und ließ sie in der Einsatzstelle (Est) Straupitz für den Dienst auf der Spreewaldbahn herrichten. Dazu gehörte neben dem Einbau einer Druckluftbremse der Umbau von 1.014 auf 1.000 mm Spurweite. Die Maschine wurde am 28. August 1969 als Kö 7001 in Dienst gestellt und war ab 1970 auf dem rund 2 km langen Reststück der Spreewaldbahn in Cottbus im Einsatz. Mit der Einführung der EDV-gerechten Betriebs-Nr. am 1. Juni 1970 wurde die Lok in 100 905 umgezeichnet. Ab 1. Januar 1973 trug die Maschine die Betriebs-Nr. 199 005. Nach der Einstellung des Schmalspurbahn-Betriebs in Cottbus Anfang 1983 übernahm das Bahnbetriebswerk (Bw) Wernigerode die V 10 C, wo sie ab 1. April 1983 stationiert war. Das Bw Wernigerode nutzte die Kleindiesellok für den Verschub in der Werkstatt in Wernigerode Westerntor, den Rangierdienst im Bahnhof Gernrode oder für Bauzugdienste. Mit der Übernahme umgespurter Kleindiesellok (ex Baureihe 100) hatte die V 10 C im Jahr 1990 ausgedient. Obwohl die Lok noch Fristen besaß, wurde sie am 11. April 1991 z-gestellt und am 24. Oktober 1991 ausgemustert. Die HSB übernahm die V 10 C 1993, gab sie aber als Leihgabe an die Interessengemeinschaft Harzer Schmalspurbahnen e.V. (IG HSB) ab. Die IG HSB nutzte die Maschine zunächst für Rangierarbeiten in Nordhausen Nord, bevor sie 1995 mit einem Getriebeschaden abgestellt werden musste. Ab Herbst 2017 bemühte sich die IG Spreewaldbahn um eine Übernahme der Maschine. Mit Erfolg – am 29. Juni 2018 wurde 199 008 in Nordhausen auf einen Straßentieflader gesetzt und nach Straupitz transportiert, wo die Maschine am 30. Juni 2018 entladen wurde. Die IG Spreewaldbahn präsentierte den Neuzugang, der äußerlich aufgearbeitet werden soll, erstmals am 21. und 22. Juli 2018 anlässlich des 5. Spreewaldbahnfestes den Besuchern.

Interessengemeinschaft Spreewaldbahn / HSB: *Die HSB gab im Sommer 2018 die Kleindiesellok 199 005 an die IG Spreewaldbahn als Leihgabe ab. Am 4. September 1994 stand die Maschine im Bf Nordhausen Nord. Foto: G. Gattermann*

HSB Notizen
Harzer Schmalspurbahnen GmbH.

Höherer Zuschuss

Das Land Sachsen-Anhalt will seinen jährlichen Zuschuss für die Harzer Schmalspurbahnen GmbH (HSB) von derzeit 5,1 Millionen Euro um 1,5 Millionen Euro aufstocken. Diese zusätzlichen Mittel sind zweckgebunden, um damit die Löhne und Gehälter der rund 260 Beschäftigten der HSB anzuheben. Das Unternehmen begrüßt diese Entscheidung, denn der Haustarifvertrag der HSB liegt um 15 bis 20 % unter dem üblichen Niveau bei anderen Eisenbahnunternehmen und der Deutschen Bahn AG (DB AG). Beispielsweise verdient ein erfahrener Lokführer bei der HSB mit einem jährlichen Bruttogehalt von etwa 36.000 Euro deutlich weniger als ein Triebfahrzeugführer bei der DB AG. Der mit der Gewerkschaft der Lokführer (Gdl) ausgehandelte Tarifvertrag sieht für einen Triebfahrzeugführer mit 27 Dienstjahren mehr als 40.000 Euro Bruttojahresgehalt vor. Angesichts dieser Gehaltsunterschiede fällt es der HSB zusehends schwerer, Nachwuchs zu gewinnen, zumal die Arbeit auf der Dampflok körperlich anstrengender ist als auf modernen Diesel- und Elektrotriebfahrzeugen. Dies führte in der Vergangenheit immer wieder zu Personalengpässen, die die HSB zwangen, den Betrieb ein- zuschränken. Im Sommer 2017 musste die HSB z.B. längere Zeit auf der Selketalbahn einen Schienenersatzverkehr einrichten.

Die Lohnunterschiede zwischen der HSB und anderen Eisenbahnunternehmen resultieren letztlich aus den am 25. Mai 1994 unterzeichneten Länderverträgen. Darin verpflichteten sich das Land Sachsen-Anhalt und der Freistaat Thüringen, den Betrieb der HSB mit jährlich 10 bzw. 2,5 Millionen D-Mark zu unterstützen. Diese Zahlungen wurden aber trotz er in den letzten Jahren erheblich gestiegenen Ausgaben für den Bahnbetrieb nie entsprechend angepasst.

HSB/Selketalbahn: *Da 99 6001-4 seit dem Herbst 2018 in Wernigerode eine Bedarfsausbesserung erhält, besetzt die Est Gernrode eine Lok der Baureihe 99^{23-24}. Am 22. Januar 2019 war 99 7235-7 mit dem P 8967 bei Stiege unterwegs. Foto: D. Endisch*

Fördermittel für die Streckensanierung

Für die Sanierung der Gleisanlagen der Selketalbahn übergab der Verkehrsminister des Landes Sachsen-Anhalt am 19. November 2018 Fördermittel in Höhe von 997.600 Euro an die HSB. Mit diesen Geldern setzte das Unternehmen ab 28. Oktober 2018 einen rund 300 m langen Abschnitt bei Silberhütte instand. Außerdem begannen die Arbeiten zur Erneuerung des Oberbaus auf rund 9 km Länge zwischen Straßberg und Albrechtshaus. Im Zuge dessen konnte die HSB eine schon seit längerer Zeit bestehende Langsamfahrstelle (10 km/h) beseitigen und die zulässige Höchstgeschwindigkeit wieder auf 40 km/h anheben. Weitere Fördergelder sind bei der Harzquerbahn u.a. für die Sanierung der Brücke im Thumkuhlental, für den Bau einer Schrankenanlage in Drei Annen Hohne und die Instandsetzung der Gleisanlagen geplant.

Neue Lokwerkstatt

Im Dezember 2018 reichte die HSB beim Landkreis Harz die Baupläne für die neue Lokwerkstatt auf dem Ochsenteichgelände in Wernigerode ein. Wenn die erforderlichen Genehmigungen vorliegen, kann die HSB die Bauleistungen ausschreiben und eventuell noch Ende 2019 mit den Arbeiten beginnen. Die Planungen für dieses rund 10,5 Millionen Euro teure Projekt reichen zurück bis in das Jahr 2012. Die Gesellschafterversammlung der HSB beschloss schließlich am 28. September 2015 einstimmig den Bau der neuen Dampflokwerkstatt. Die Vorentwurfsplanung übernahm nach einer europaweiten Ausschreibung eine Bietergemeinschaft unter der Leitung der Ingenieurbüro Lambrecht GmbH (IBL) aus Magdeburg. Deren Entwurf, der am 7. August 2018 dem Bau- und Umweltausschuss der Stadt Wernigerode

Fahrzeugübersicht (Stand 15.02.2019)

Triebfahrzeug	Bemerkung
99 5901-6	warten auf Ausbesserung / Wernigerode
99 5902-4	warten auf Ausbesserung / Wernigerode
99 5903-2	abgestellt (ohne Fristen) / Wernigerode
99 5906-5	betriebsfähig / Est Wernigerode (für Traditionszug)
99 6001-4	Bedarfsausbesserung Wernigerode (Kessel)
99 6101-2	abgestellt (ohne Fristen) / Wernigerode
99 6102-1	MaLoWa (rollfähige Aufarbeitung)
99 (7)222 (-5)	Meiningen / Bedarfsausbesserung (Fahrwerk)
99 7231-6	abgestellt (ohne Fristen) / Ilfeld
99 7232-4	Bedarfsausbesserung Wernigerode (Fahrwerk)
99 7233-2	abgestellt (ohne Fristen) / Ilfeld
99 (7)234 (-0)	betriebsfähig / Est Wernigerode
99 7235-7	betriebsfähig / Est Gernrode (Ablauf der Kesselfrist am 05.03.2019)
99 (7)236 (-5)	betriebsfähig / Est Wernigerode
99 7237-3	warten auf Ausbesserung (Stangenbruch am 07.01.2019) / Wernigerode
99 7238-1	abgestellt (ohne Fristen) / Wernigerode
99 7239-9	Bedarfsausbesserung Wernigerode (Kesseluntersuchung)
99 7240-7	betriebsfähig / Est Wernigerode
99 7241-5	betriebsfähig / Est Wernigerode
99 7242-3	abgestellt (ohne Fristen) / Benneckenstein
99 7243-1	Meiningen / Hauptuntersuchung
99 7244-9	abgestellt (ohne Fristen) / Hasselfelde (Schaustück)
99 7245-6	betriebsfähig / Est Nordhausen (Fristablauf im März 2019)
99 7246-4	abgestellt (ohne Fristen) / Benneckenstein
99 7247-2	betriebsfähig / Est Wernigerode

Triebfahrzeug	Bemerkung
187 001-3	warten auf Ausbesserung (Bremsanlage) / Wernigerode
187 011-2	Bedarfsausbesserung Wernigerode (Umrissbearbeitung)
187 012-0	FWM Hennigsdorf (Generalreparatur)
187 013-8	betriebsfähig / Est Gernrode
187 015-3	abgestellt (ohne Fristen) / Wernigerode
187 016-1	betriebsfähig / Est Nordhausen Nord
187 017-9	betriebsfähig / Est Nordhausen Nord
187 018-7	betriebsfähig / Est Nordhausen Nord
187 019-5	betriebsfähig / Est Wernigerode
187 025-4	abgestellt (ohne Fristen) / Wernigerode
199 005-0	abgestellt (ohne Fristen) / seit 29.06.2018 Leihgabe an die IG Spreewaldbahn e.V.
199 006-8	abgestellt (ohne Fristen) / Nordhausen Nord
199 010-6	abgestellt (ohne Fristen) / Gernrode
199 011-0	abgestellt (ohne Fristen) / Wernigerode
199 012-3	betriebsfähig / Rangierlok Werkstatt
199 301-3	abgestellt (ohne Fristen) / Ilfeld
199 861-6	betriebsfähig / Rangierlok Wernigerode
199 871-5	abgestellt (ohne Fristen) / Wernigerode
199 872-3	betriebsfähig / Reserve Wernigerode
199 874-9	betriebsfähig / Reserve Wernigerode
199 877-2	abgestellt (ohne Fristen) / Nordhausen Nord
199 892-1	abgestellt (ohne Fristen) / Wernigerode

HSB/Brockenbahn: *Bei perfektem Winterwetter näherte sich 99 7247-2 am 20. Januar 2019 mit dem P 8925 der Blockstelle Eckerloch. Im Hintergrund ist das Ziel – der 1.141 m hohe Brocken – zu sehen.* *Foto: D. Endisch*

vorgestellt wurde, sieht eine Werkhalle mit vier Gleisen und drei Weichen vor. Außerdem soll parallel zum Streckengleis in Richtung Wernigerode ein so genanntes Probefahrgleis errichtet werden. Mit dem Bau der neuen Lokwerkstatt, in der dann auch die Hauptuntersuchnungen an den Dampfloks ausgeführt werden sollen, erhofft sich die HSB eine jährliche Einsparung bei den Instandhaltungskosten von rund zwei Millionen Euro.

Festgefahren und eingeschneit

Am 8. Januar 2019 fuhr sich 99 234 mit dem Personenzug (P) 8925 wenige hundert Meter vor dem Bahnhof Brocken unterhalb der Teufelskanzel in einer Schneewehe fest. Dem Personals gelang es nicht, die Maschine wieder freizufahren. Daher mussten die rund 60 Reisenden evakuiert und die Lok entfeuert werden. Trotz Orkanböen schickte die HSB eine Schneefräse hinauf zum Brocken. Allerdings konnten nur drei Wagen des P 8925 am späten Nachmittag zurück nach Wernigerode geschleppt werden. Nur mit Mühe gelang es 20 Mitarbeiter der HSB am 9. Januar 2019, mittels Schaufeln zwei weitere Wagen von den Schneemassen zu befreien. Am Donnerstag (10.01.2019) erreichte die Schneefräse gegen 11.30 Uhr die eingeschneite 99 234 und den Waggon, die daraufhin für den Abtransport vorbereitet wurden. Dies gestaltete sich vor allem bei der Dampflok aus äußerst kompliziert. Zunächst mussten bei klirrender Kälte u.a. die Treibstangen abgebaut sowie die Achslager aufgetaut werden. Gegen 20.30 Uhr traf die Maschine schließlich in der Werkstatt ein.

Erst am 12. Januar 2019 konnte die HSB den Verkehr auf dem Abschnitt Schierke–Brocken wieder aufnehmen. Allerdings währte die Freude nur kurz, denn 99 232 blieb auf der Rückfahrt vom Brocken mit dem P 8929 ebenfalls unterhalb der Teufelskanzel in einer Schneewehe stecken. Bei dem Versuch, die Maschine mit Hilfe der 99 241 freizuziehen, entgleise 99 232. Das Eingleisen der Maschine dauerte bis etwa 20.40 Uhr. Den planmäßigen Betrieb hinauf zum Brocken nahm die HSB erst am 16. Januar 2019 wieder auf. Glück im Unglück für die HSB – die Schäden an den beiden verunglückten Maschinen hielten sich in Grenzen. Während die entgleiste 99 232 zu einer Bedarfsausbesserung abgestellt werden musste, nahmen die Befundung und Instandsetzung der als »Eislok« bezeichneten 99 234 nur wenige Tage in Anspruch. Lediglich die Mischpumpe musste ausgetauscht werden. Nach einer Probefahrt am 18. Januar 2019 hinauf zum Brocken wurde 99 234 ab 21. Januar 2019 wieder eingesetzt.

Schmalspurbahnen in Österreich

Achsenseebahn AG

Am 28. Oktober 2018 beendete die Achenseebahn ihre 129. Saison. Das letzte Zugpaar von Jenbach zum Seespitz und zurück verkehrte leider bei strömendem Regen und eisigen Temperaturen. Dies war fast sinnbildlich für die Probleme, die das kleine Unternehmen derzeit hat. Manchem Eisenbahner und Fahrgast des letzten Zuges der Saison 2018 war die Sorge um die Zukunft der Bahn ins Gesicht geschrieben. Bis zu diesem Zeitpunkt hatten sich die Region und das Land Tirol noch nicht über einen weiteren Bestand der seit 1889 verkehrenden meterspurigen Zahnradbahn (System Riggenbach) verständigt. Doch die Zeit der teilweise noch aus dem Eröffnungsjahr stammenden Infrastruktur läuft ab. Rasche Unterstützung ist daher dringend notwendig!

Der mit dem Tiroler Adler geschmückte letzte Zug verließ Jenbach um 15 Uhr, besetzt mit einigen treuen Fahrgästen und Freunden der Bahn. Die Lokalpolitik war – mit Ausnahme des Vizebürgermeisters von Jenbach – nicht anwesend. Umso rührender war es, wie sich trotz des heftigen Regens in nahezu allen Bahnhöfen und Haltestellen Fahrgäste und Freunde der Achenseebahn vom letzten Zug der Saison und seiner Mannschaft verabschiedeten. Am Endbahnhof Seespitz bestand ein letzter Anschluss zur Achenseeschifffahrt. Schiff und Zug verabschiedeten sich traditionell mit langen Horn- bzw. Pfeifsignalen, hoffentlich bis zum Wiedersehen im Frühjahr 2019 – der 130. Jubiläumssaison. Pünktlich erreichte der letzte talwärts fahrende Zug um 16.42 Uhr den Bahnhof Jenbach. Immer wieder hatte der Lokführer die Dampfpfeife erschallen lassen, um so auf das Saisonende hinzuweisen. *Gunter Mackinger*

Club 760 / Taurachbahn: *Am 19. Juli 2018 absolvierte die Lok SKGLB 22 des Clubs 760 ihre erste große Sonderfahrt mit einem Gmp von Mauterndorf nach Murau und zurück, hier bei Hinterring.* *Foto: Dr. M. Strässle*

Achsenseebahn AG: *Die Lok 1 der Achenseebahn, gebaut im Jahr 1889 in Floridsdorf, wurde am 28. Oktober 2018 bei strömendem Regen in Jenbach für die letzte Fahrt der Saison vorbereitet. Bleibt zu hoffen, dass die Saison 2018 nicht die letzte war. Foto: G. Mackinger*

Club 760 / Taurachbahn

Der Club 760 »Verein der Freunde der Murtalbahn« veranstaltete am 19. Juli 2018 mit seinem Neuzugang, der Lok 22 der Salzkammergut-Lokalbahn (SKGLB), eine erste große Sonderfahrt mit einem Güterzug mit Personenbeförderung (Gmp) von Mauterndorf nach Murau und zurück. Die ausverkaufte Fotosonderfahrt war ein Erlebnis für alle Teilnehmer. Im Zug liefen die beiden betriebsfähigen, von der Murtalbahn stammenden Güterwagen K 555 (Baujahr 1894) und G 165 (Baujahr 1908) mit. Die 210 PS starke Maschine absolvierte mit Bravur ihre erste Langstreckenfahrt. Ihre amerikanische Dampfpfeife und der charakteristische Auspuffschlag der Lok 22 ließen völlig neue Töne im Murtal erschallen. *Dr. Markus Strässle*

Lokalbahn Mixnitz-Sankt Erhard

Ein reges Frachtaufkommen verzeichnete Ende 2018 die als Werksbahn des Magnesitwerkes Breitenau betriebene 10,38 km lange Schmalspurbahn Mixnitz-Bärenschützklamm–Sankt Erhard nördlich von Graz. Während die Elektroloks E 3 und E 4 für den Streckendienst verwendet wurden, übernahm im Bahnhof Mixnitz die aus der Gründungszeit der Bahn stam-

Lokalbahn Mixnitz-Sankt Erhard: *Die Lok E 2 rangierte am 27. November 2018 in Mixnitz. Die mit Planen abgedeckten Wagen werden über die im Hintergrund links sichtbare Kippanlage entleert. Das transportierte Substrat wurde anschließend in den rechts stehenden Silos zwischengelagert. Foto: Th. Haberl*

NÖVOG / Citybahn Waidhofen: *Die Citybahn Waidhofen zählte im Jahr 2018 erstmals mehr als 200.000 Reisende. Der Triebwagen VT 9 (ex 5090.009 der ÖBB) war am 19. April 2011 zwischen Gstadt und Kreilhof unterwegs. Foto: Th. Haberl*

mende Lok E 2 den Rangierdienst. Neben fertig abgepackten Waren auf Paletten – diese werden mit den vielen zwei, drei- und vierachsigen Flachwagen transportiert – wird auch loses Material in Wagen mit Planenabdeckung befördert. *Thomas Haberl*

NÖVOG / Citybahn Waidhofen

Für durchweg positive Schlagzeilen sorgte im Jahr 2018 die Citybahn Waidhofen, das westliche Reststück Waidhofen an der Ybbs–Gstadt der inzwischen weitgehend abgetragenen Ybbstalbahn der Niederösterreichischen Verkehrsorganisationsgesellschaft (NÖVOG). Eine Fahrgastbefragung im ersten Halbjahr 2018 brachte die großartige Bewertung von 1,6 nach dem Schulnotensystem. Zeitgleich konnte die Zahl der Fahrgäste erheblich gesteigert werden. Im Jahr 2018 nutzten mehr als 200.000 Reisende die Citybahn Waidhofen. Sie nimmt damit nach der Mariazellerbahn den zweiten Platz im Ranking der Schmalspurbahnen der NÖVOG ein und liegt damit deutlich vor den stark beworbenen und finanziell gut ausgestatteten Tourismusstrecken im Waldviertel, der Wachau und im Weinviertel. Unverständlich sind daher die Überlegungen der Verantwortlichen der Stadt Waidhofen an der Ybbs, die Strecke der Citybahn zu verkürzen. Es mehren sich die Gerüchte, dass der Bahnhof Waidhofen an der Ybbs Vogelsang (km 2,8) in Zukunft Endstation der Citybahn werden soll. Einer der Gründe für diese Überlegungen dürfte die notwendige technische Sicherung von drei Bahnübergängen sein. Die dafür notwendigen Kosten in Höhe von etwa 500.000 Euro sollen offensichtlich eingespart werden. Offizielle Stellungnahmen gibt es jedoch bisher weder von der Stadtgemeinde und den Regionalpolitikern, noch von der NÖVOG. Alle Seiten vertrösten die Fahrgäste und Anwohner auf eine Entscheidung Anfang 2019. Laut einer Statistik der NÖVOG benutzen derzeit jährlich rund 35.500 Reisende die beiden von der geplanten Verkürzung betroffenen Haltestellen Waidhofen an der Ybbs Kreilhof und Gstadt. Dies sind deutlich mehr Fahrgäste, als die Wachaubahn oder die Waldviertler Schmalspurbahn jährlich aufweisen. Dass von offizieller Seite einerseits jeder neue Fahrgast auf diesen Strecken bejubelt wird, andererseits auf der Citybahn mit einem Schlag auf mehr als 35.000 Kunden – bei steigender Tendenz – verzichtet werden soll, ist unverständlich. *Thomas Haberl*

ÖGLB / Ybbstalbahn-Bergstrecke: *Vor dem Lokschuppen der ÖGLB in Kienberg-Gaming gaben sich am 29. Juli 2017 neben der Gastlok 99 1542-2 die Maschinen 4 »Molln«, Uv 1 und 2092.01 ein Stelldichein.* *Foto: Th. Haberl*

ÖGLB / Ybbstalbahn-Bergstrecke

Auch am östlichen Ende der Ybbstalbahn zeichnet sich eine Verkürzung ab. Die Österreichische Gesellschaft für Lokalbahnen (ÖGLB) wird sich in Zukunft wieder auf ihre rund 17 km lange Stammstrecke Kienberg-Gaming–Lunz am See konzentrieren. Der tatsächliche Ertrag des etwa 9,5 km langen Abschnitts Lunz–Göstling an der Ybbs blieb weit hinter den Erwartungen der ÖGLB zurück. Außerdem war durch die größere Länge der Strecke Kienberg-Gaming–Lunz am See–Göstling an der Ybbs kein zufriedenstellender Fahrplan möglich. Auf dem Abschnitt Lunz–Stiegengraben-Ybbstalerhütte werden voraussichtlich ab 2020 die Schienenfahrräder aus Wieselburg unterwegs sein, da man hier weitaus bessere Bedingungen – z.B. geringere Steigung und ein höheres touristisches Potenzial – als auf der bisherigen Strecke vorfindet. Der verbleibende Abschnitt von Stiegengraben-Ybbstalerhütte bis Göstling an der Ybbs soll nach bisher unbestätigten Meldungen abgetragen und zum Radweg umfunktioniert werden. Das Ambiente des Bahnhofs Lunz am See wurde 2018 durch den Abriss des alten Güterschuppens nachhaltig zerstört. An der gleichen Stelle entstand ein Neubau für ein Lunzer Unternehmen.

Thomas Haberl

SLB / Pinzgauer Lokalbahn

Umfangreiche Baumaßnahmen

Seit der Wiederinbetriebnahme der Pinzgauer Lokalbahn (PLB) mit dem durchgehenden Neubauabschnitt Mittersill–Krimml durch die Salzburg AG (SLB) in den Jahren 2009/10 gab es auch bereits etliche Sanierungen auf dem Bestandsabschnitt zwischen Zell am See und Mittersill in Form von Streckenbegradigungen, Gleisneulagen oder dem Bau neuer Haltestellen, z.B. Zell am See Areitbahn, Uggl-Schwarzenbach, Uttendorf im Pinzgau-Manlitzbrücke und Stuhlfelden Siedlung. Eine weitere Maßnahme umfasst die Modernisierung der Kreuzungsbahnhöfe, wo bereits Fürth-Kaprun, Uttendorf-Stubachtal und Mittersill erneuert wurden. In Piesendorf und Niedernsill wurde bereits in einer ersten Bauetappe an jeweils einem Gleis ein neuer Randbahnsteig errichtet, damit die Fahrgäste nicht mehr die Gleise überschreiten müssen. Im Mai 2018 begann in Niedernsill die zweite große Etappe mit dem Bau neuer Gleise und Weichen, Brückenerneuerungen und einem zweiten barrierefreien Randbahnsteig. Nach Abschluss dieser Arbeiten muss in der in den kommenden Jahren noch zu tätigenden Bauetappe von Piesendorf aus dann noch der Bahnhof Bruckberg-Golfplatz saniert werden. Die Bahnhöfe Zell am See und Tischlerhäusl verfügen bereits über Rand- bzw. Mittelbahnsteige.

SLB / Pinzgauer Lokalbahn: *Während der Bauarbeiten bestand im Frühjahr 2018 ein Inselbetrieb zwischen Mittersill und Krimml. Hier verkehrten die Triebwagen der ehemaligen ÖBB-Reihe 5090 im Planverkehr. Am 11. Mai 2018 standen die Triebwagen VTs 17, VTs 16 und VTs 12 (v.l.) im Bahnhof Krimml.* *Foto: Th. Oberkalmsteiner*

Außerdem modernisierte die PLB im Herbst 2018 einige Bahnübergänge. Auf dem Gebiet der Gemeinde Piesendorf wurden eine neue Lichtzeichenanlage errichtet und zwei Bahnübergänge mit Vollschrankenanlagen ausgerüstet. Außerdem erhielt ein Bahnübergang in Uttendorf eine Lichtzeichenanlage. Alle Anlagen sind mit dem rechnergestützten Zugleitsystem verbunden und werden automatisch durch die Züge eingeschaltet. *Thomas Oberkalmsteiner*

Neue Nostalgiewagen

Die Nostalgiewagen der Pinzgauer Lokalbahn sind bekanntlich in Moosgrün lackiert und mit einer goldgelben Beschriftung versehen. Nun folgte ein weiteres Highlight – im Jubiläumsjahr »120 Jahre Pinzgauer Lokalbahn und 10 Jahre Landesbahn mit Betreiber Salzburg AG« wurden die drei im Jahr 2013 von der Niederösterreichischen Verkehrsorganisationsgesellschaft (NÖVOG) erworbenen so genannte Stromlinienwagen 3065, 3067 und 4263 einer Hauptuntersuchung unterzogen und wie anno dazumal in Tannengrün lackiert. Bei der Pinzgauer Lokalbahn erhielten die Wagen in dieser Reihenfolge die Bezeichnungen Bs 306, Bs 307 und BD 354. Zwei Wagen konnten für den Nostalgietag am 8. September 2018 fertiggestellt und in den Sonderzügen 902/903, bespannt mit der Nostalgie-Diesellok Vs 71 (ex 2095.01), eingesetzt werden. *Thomas Oberkalmsteiner*

Dieselnostalgie im Pinzgau

Während im planmäßigen Nostalgieverkehr auf der Strecke Zell am See–Krimml die Dampftraktion dominiert, kommt es immer wieder zu bestellten Dieselnostalgiezügen, wofür die Pinzgauer Lokalbahn die Vs 71 (ex 2095.001) in der für die Österreichischen Bundesbahnen (ÖBB) typischen beige-roten Lackierung bereithält. Gerne werden derartige Garnituren auch bei größeren Veranstaltungen mit bestelltem Shuttleverkehr eingesetzt, da die Pinzgauer Lokalbahn mit den vorhandenen Fahrzeugen für den Planbetrieb (Trieb- und Wendezüge) an die Leistungsgrenze stößt. Hier kommen dann meist die in Rubinrot lackierten Dieselloks Vs 72 oder Vs 73 zum Einsatz. Außerdem ist dann, sofern erforderlich, ein rubinrot-weißer Stromlinienwagen als 6. Wagen im Einsatz, welcher einst als Triebwagen-Beiwagen für den Planverkehr hergerichtet wurde und deshalb noch diese Lackierung hat. *Thomas Oberkalmsteiner*

Halbstundentakt und neue Jahreskarten

Infolge einer Sperrung des Schmittentunnels (01.–25.10.2018) im Verlauf der Ortsumgehung der Bundesstraße (B) 311 in Zell am See stockte die PLB ihr Angebot auf einen Halbstundentakt auf. Da die zusätzlichen Züge sehr gut angenommen wurden, verkündete wenig später der zuständige Landesrat des Landes Salzburg die Fortführung dieses verbesserten Angebots im Nahverkehr. Montags bis freitags pendeln die Züge der PLB witerhin vormittags im Halbstundentakt auf dem Abschnitt Zell am See–Piesendorf Bad. Ab mittags wird der Halbstundentakt bis Niedernsill ausgeweitet. Der Abschnitt Piesendorf Bad/Niedernsill–Krimml wird hingegen unverändert im Stundentakt bedient. Für die zusätzlichen Leis-

SLB / Pinzgauer Lokalbahn: *Die Diesellok Vs 72 (ex 2095.004 der ÖBB) war am 28. Juni 2017 mit einem Sonderzug bei Walchen im Pinzgau unterwegs. Hinter der Lok läuft der rubinrot-weiße Stromlinienwagen zur Verstärkung mit.* *Foto: Th. Oberkalmsteiner*

tungen setzt die PLB derzeit einen Triebwagen der ÖBB-Reihe 5090 ein (PLB-Nr. VTs 12–VTs 17).

Parallel zu dieser Angebotsverbesserung wurden im Dezember 2018 neue Tarife für die Jahreskarten eingeführt. Die für das Pinzgau gültige Jahreskarte kostet seither 365 Euro. Benötigt man eine weitere Region (z.B. Pongau oder Lungau) beträgt der Preis 495 Euro. Die Jahreskarte für das gesamte Land Salzburg kostet 595 Euro. *Thomas Oberkalmsteiner*

Gastlok SKGLB 22

Der Club 760 »Verein der Freunde der Murtalbahn«, der sich u.a. um den Erhalt von Fahrzeugen der ehemaligen Salzkammergut-Lokalbahn (SKGLB) kümmert, erwarb im Herbst 2016 mit finanzieller Unterstützung des Landes Salzburg in Deutschland die Lok »Aquarius C«. Die 1939 von der Firma Borsig gebaute En2-Maschine stand nach ihrem Einsatz für die Heeresfeldbahnen von 1945 bis 1957 als Lok 22 in Diensten der SKGLB. Am 22. Juni 2017 traf die Maschine per Tieflader in der Werkstatt der PLB in Zell am See Tischlerhäusl ein, wo sie wieder betriebsfähig aufgearbeitet wurde. In diesem Zusammenhang wurde die Maschine u.a. von 750 auf 760 mm Spurweite umgebaut und mit einer Saugluftbremse ausgerüstet. Im Juni 2018 waren die Arbeiten fertiggestellt. Die PLB bespannte mit der Maschine am 7., 14., 19., 21 und 28. Juni 2018 die planmäßigen Dampfzüge auf der Strecke Zell am See–Krimml, bevor die Maschine im Juli 2018 in ihre neue Heimat Mauterndorf gebracht wurde (siehe S. 43).

Thomas Oberkalmsteiner

SLB / Pinzgauer Lokalbahn: *Die weitgehend in den Anlieferungszustand zurückversetzte Diesellok Vs 71 (ex 2095.001 der ÖBB) absolvierte am 31. August 2018 mit den beiden neuen Nostalgiewagen Bs 306 und BDs 354 eine Probefahrt, hier zwischen Fürth-Kaprun und Bruckberg-Golfplatz.* *Foto: Th. Oberkalmsteiner*

Schmalspurbahnen in der Schweiz

Rhätische Bahn

Durchstich des »Neuen Albulatunnels II«

Am 2. Oktober 2018, rund drei Jahre nach dem ersten Spatenstich in Preda, erfolgte der offizielle Durchstich des 5.860 m langen »Neuen Albulatunnels II« (NAT II). Dank der Präzisionsarbeit der Mineure war einer der größten Meilensteine des 345 Millionen teuren Projektes erreicht.

Gegen Mittag stiegen die Mineure des Vortriebs Spinas durch eine Öffnung im Fels zu ihren Kollegen und Kolleginnen des Vortriebs Preda und überreichten ihnen eine Statue der Heiligen Barbara, der Schutzpatronin der Tunnelbauer. Bei den Arbeiten kam es nur zu einem schweren Unfall, der das Leben eines Arbeiters forderte.

Bereits ein Jahr vorher, am 17. Oktober 2017, war ein »kleiner Durchstich« von der Seite Preda in die sogenannte Kaverne gefeiert worden, mit welcher durch Einfrieren der »Raibler Rauwacke« die heikelste Zone des Bergmassivs überwunden worden war. Beim Ausbruch des ersten Albulatunnels kam es in dieser Zone zu einem Schlammeinbruch, der Menschenleben forderte und die Arbeiten für längere Zeit unterbrach.

Beim NAT II wurden 250.000 m³ Gestein ausgebrochen, das als Rohstoff für die Beton- und Schotterproduktion dient und in Preda aufgearbeitet wird. Das Material von ungenügender Qualität wird mit Förderbändern in die baustelleneigene Deponie Las Piazzettas gebracht und dort landschaftsverträglich eingebaut.

Bis zur Inbetriebnahme werden voraussichtlich noch drei Jahre vergehen: Sie ist für Ende 2021 / Anfang 2022 geplant. Zunächst wird die letzte Schicht Spritzbeton der Tunnelauskleidung aufgetragen und die

***Rhätische Bahn:** Nach dem Durchstich des »Neuen Albulatunnels II« am 2. Oktober 2018 versammelten sich die Mineure vor dem Durchbruch zu einem Erinnerungsbild. Der Geistliche (rechts) hält eine Statue der Heiligen Barbara. Foto: H.-B. Schönborn*

Rhätische Bahn: *Am 14. August 2018 wurde in Chur die frisch lackierte Ge 4/4 II 623, die nun für den Glacier-Express wirbt, vorgestellt. im Hintergrund ist eine für die RhB typische Rangiereinheit, bespannt mit der Gm 3/3 231, zu sehen.* *Foto: H.-B. Schönborn*

Tunnelsohle freigelegt. Daran schließt sich die Erstellung des Unterbaus sowie von Bankett, Dienstweg und Entwässerung an. Auch die zwölf Querverbindungen zwischen dem alten und dem rund 30 m entfernten neuen Tunnel müssen fertiggestellt werden. Schließlich folgen der Gleisbau und die Verkabelung der Bahntechnik. Wenn der NAT II in Betrieb ist, wird der alte Tunnel zum Sicherheitsstollen umgebaut.

In den Jahren 2020/21 werden die Bahnhöfe auf den aktuellen Stand der Technik gebracht und behindertengerecht ausgebaut: In Spinas werden der Bahnsteig erhöht und die Kreuzungsstelle verlängert. Preda erhält ein drittes Gleis (künftiges Gleis 1) für die Schlittelzüge im Winter, während der Regelbetrieb mit den Taktkreuzungen am Mittelperron abgewickelt wird, der neu eine Personenunterführung erhält. Haus- und Mittelbahnsteig werden überdacht. Bei diesen Umbauten sind die Vorschriften der UNESCO zu beachten, denn die Albulalinie zählt ja – wie die Berninabahn – zum Welterbe.

Hans-Bernhard Schönborn

Neu-alte Personenwagen

Im Juni bzw. Juli 2018 erwarb die Matterhorn Gotthard Bahn (MGBahn) die Wagen B 2272 und B 2273 von der Rhätischen Bahn (RhB) und nahm diese als B 4261 und B 4262 in Betrieb. Die »Spitzenverkehrs-

Rhätische Bahn: *Der Wagen B 4262 lief am 28. August 2018 in einem Regionalzug Andermatt–Disentis–Andermatt mit. Die Aufnahme entstand in Disentis.* *Foto: H.-B. Schönborn*

wagen in Busbautechnik« (Baujahr 1987), für die Drehgestelle von älteren Fahrzeugen verwendet wurden, waren bereits für die Strecken der Furka-Oberalp- und Brig-Visp-Zermatt-Bahn zugelassen, besitzen aber kein Bremszahnrad. Eine Nachrüstung ist auch nicht geplant. Der Wagen B 4262 war im August 2018 in einen Umlauf Andermatt–Disentis/Muster–Andermatt eingeteilt, während B 4261 im Depot Glisergrund West die Reserve bildete. Mit den Fahrzeugen können ältere Wagen ersetzt werden. Die RhB besitzt aus der Serie von 13 Fahrzeugen noch die Wagen B 2266, B 2268, B 2270 und B 2271.

Hans-Bernhard Schönborn

Gleisstopfmaschine brauchte Unterstützung

Die grundsätzlich selbstfahrende Gleisstopfmaschine B 40 UM-4 »Pallas« wird bei der RhB und der MGBahn eingesetzt. Auf den Zahnstangenabschnitten, z.B. über den Oberalppass, benötigt sie als reines Adhäsionsfahrzeug jedoch die Unterstützung einer leistungsstarken Zahnrad- und Adhäsionslokomotive als Schiebe- bzw. Bremsfahrzeug. Am 28. August 2018 übernahm die HGe 4/4 II 2 der MGBahn (ursprünglich eine Lokomotive der Brig-Visp-Zermatt-Bahn) diese Aufgabe ab Disentis.

Hans-Bernhard Schönborn

Ein Jahr »Glacier Express AG«

Im August 2017 riefen die MGBahn und die RhB als gemeinsame Tochtergesellschaft die »Glacier Express AG« ins Leben, um das »Zugpferd des Schweizer Tourismus« wieder besser am Markt positionieren zu können, der sich u.a. durch die Digitalisierung schnell und grundlegend verändert. Geschäftsführerin des Gemeinschaftsunternehmens ist Annemarie Meyer, eine ausgewiesene Tourismusfachfrau.
Am 14. August 2018 wurde die Ge 4/4 II 623 vorgestellt, die im aktuellen Design für den Glacier Express wirbt; weitere Werbeloks sind Ge 4/4 III 651 »Glacier on Tour« und HGe 4/4 II 4 (ehemals Brig–Visp–Zermatt-Bahn) im Glacier-Express-Design.
Im Sommer 2018 verkehrten die GEX-Züge nach einem neuen Konzept: Zugpaar 900/907 Zermatt–Chur–Zermatt, Zugpaar 901/906 St. Moritz–Brig–St. Moritz, Züge 902 und 904 Zermatt–St. Moritz sowie Züge 903 und 905 St. Moritz–Zermatt. Da bei

***Rhätische Bahn:** Ge 4/4 II 623, die seit August 2018 für den Glacier-Express wirbt, überquerte am 27. August 2018 das berühmte Langwasser-Viadukt. Die Alvra-Wagengarnitur führte keinen Steuerwagen mit. Foto: H.-B. Schönborn*

***Rhätische Bahn:** Die Gleisstopfmaschine B 40 UM-4 »Pallas« fuhr über den Oberalppass nach Andermatt, hier am 28. August 2018 in Disentis. Hinter der Gleisstopfmaschine lief die Elektrolok HGe 44 II 2 als Schiebe- und Bremsmaschine.*
Foto: H.-B. Schönborn

den beiden Zugpaaren für die Hin- und Rückfahrt jeweils die gleiche Wagengarnitur eingesetzt wurde, reichten sechs Wagenkompositionen, die alle über einen Service WRp 3830–3835 verfügten. Bei dem Zugpaar 901/906 beförderte planmäßig die gleiche Lokomotive der MGBahn vom Typ HGe 4/4 II die Wagen von Disentis / Muster nach Brig und zurück. Zwar war die Ankunft der Züge 907 und 906 in Zermatt (20.10 Uhr) bzw. St. Moritz (20.58 Uhr) relativ spät, doch die etwas geringeren Fahrgastfrequenzen in diesen Zügen boten die Möglichkeit, die Reise und das Essen am Platz ungestörter zu genießen. Im Jahr 2017 wurden in Glacier-Express-Zügen insgesamt 220.797 Fahrgäste befördert, eine markante Steigerung, wobei es sich bei fast 50 % um Individualreisende handelte, da sich auf digitalem Weg die Tickets und Reservationen bequem buchen lassen. 2018 dürften die Zahlen weiter gestiegen sein, was die erfolgreiche Arbeit bestätigt. Zurzeit durchläuft die Wagenflotte ein Refitprogramm. 2019 sollen die Wagen der »Excellence Class« mit nur zwei Sitzen pro Reihe in Betrieb gehen. *Hans-Bernhard Schönborn*

Umbau des Bahnhofs Poschiavo

Seit 1. Juli 2016 wird der Bahnhof in Poschiavo etappenweise um- und behindertengerecht ausgebaut. Fertiggestellt sind die dreigleisige Abstellanlage in »Pradei«, bei der auch eine planmäßig genutzte Ausweichstelle angelegt wurde, sowie die Doppelspurinsel Poschiavo – Val Varuna, die ebenfalls planmäßige Zugkreuzungen zulässt. Dort ist nur noch der Anschluss im unmittelbaren Bahnhofsbereich

***Rhätische Bahn:** Am 15. August 2018 war der dreigleisige Abstellbereich in der Nähe des Bahnhofs Poschiavo (Richtung Tirano) bereits fertiggestellt. Dazu gehört auch eine Ausweichstelle, die planmäßig genutzt wird.*
Foto: H.-B. Schönborn

***Rhätische Bahn:** Weit weg von ihrer Heimat, der Berninastrecke, stand die Zweisystem-Lokomotive Gem 4/4 801 am 28. August 2018 mit einem Bauzug in Trun auf der Vorderrheinstrecke. Foto: H.-B. Schönborn*

provisorisch. Die Haltestelle Privilasco ist außer Betrieb. In Poschiavo wurde im Sommer 2018 der gesamte Betrieb über das ehemalige Bahnsteiggleis 3 (mit ebenerdigem Zugang) abgewickelt; von den Gleisen 1 und 2 waren nur noch die Weichen vorhanden. Beim neuen Bahndienststützpunkt mit vier Gleisen wurden die Schienen und Weichen verlegt.

Hans-Bernhard Schönborn

Nostalgiezug Davos Platz–Filisur–Davos Platz

Die RhB besitzt umfangreiches historisches Rollmaterial, das von verschiedenen Vereinen unter dem Dachverband »RhB Historic« gepflegt und unterhalten wird. Vom 10. Mai bis zum 28. Oktober 2018 verkehrte planmäßig täglich in zwei Zugpaaren (statt eines Pendelzuges) ein Oldtimerzug, bestehend aus der Ge 6/6 I 414 sowie grünen Oldtimer- und gelben Aussichtswagen, zwischen Davos Platz und Filisur. Beheimatet war die Garnitur in Davos Platz.

Hans-Bernhard Schönborn

BEX mit Aussichtswagen

Um die Attraktivität des nur im Sommer verkehrenden Bernina-Express-Zugpaares (BEX) 961/960 Davos Platz–Pontresina–Tirano–Davos Platz zu erhöhen, führen die aus einem Triebwagen des Typs »Allegra« ABe 8/12 und Panoramawagen (Ap, Api, Bps, Bp) bestehenden Zugkompositionen seit dem vergangenen Jahr bei guter Witterung einen offenen, zweiachsigen, gelben Aussichtswagen jeweils am Schluss mit. *Hans-Bernhard Schönborn*

Fern der Heimat

Die RhB beschaffte 1966 für einen Einsatz auf ihrem gesamten Netz die Zweikraftloks Gem 4/4 801 und Gem 4/4 802. Dieselelektrisch verkehren sie auf dem mit Wechselstrom elektrifizierten Stammnetz, auf der Berninastrecke hingegen elektrisch mit Gleichstrom. Sie können miteinander in Doppeltraktion verkehren, mit den Bernina-Triebwagen ABe 4/4 II (heute nur noch einige Dienstfahrzeuge) und ABe 4/4 III sowie ferngesteuert mit den älteren Schneeschleudern Xrot et und den modernen Schneefräsen Xrot mt 95403 und 04. Während die Maschinen im Winter für die Schneeräumung (auf der Berninastrecke) genutzt werden, kommen die Lokomotiven im Sommer vor Bauzügen zum Einsatz, nicht nur auf der Berninastrecke, sondern auch recht weit entfernt auf dem unteren Abschnitt Davos Platz–Filisur oder der Vorderrheinstrecke bei Trun.

Hans-Bernhard Schönborn

Probleme mit den neuen At- und Bt-Steuerwagen

Seit Juli 2018 verkehren keine At-Steuerwagen (früher Ait) mehr mit den Alvra-Garnituren in den Albula-Umläufen, denn sie müssen – wie auch die Universalsteuerwagen des Typs Bt 528 – umgebaut werden. Die Vakuumpumpe muss vom Dach unter den Wagenboden versetzt werden, weil sie zu hohen Vibrationen führte, die – sehr zum Ärger der Fahrgäste – den ganzen Leichtmetallkasten zum Schwingen und Rattern brachte. Im August 2018 wurden vor allem Bt (ohne Steuerwagen-Funktion) als Verstär-

Rhätische Bahn: Vom 10. Mai bis zum 28. Oktober 2018 verkehrte der Oldtimer-Zug der RhB planmäßig in zwei Zugpaaren zwischen Davos Platz und Filisur statt bisher eines Pendelzuges. Der in Davos Platz stationierte Oldtimerzug wurde aus der Elektrolok Ge 6/6 I 414 sowie grünen Oldtimer- und gelben Aussichtswagen gebildet (Aufnahme vom 27.08.2018).
Foto: H.-B. Schönborn

kungswagen eingesetzt, doch es kam zu Störungen, so dass die Wagen an verschiedenen Endbahnhöfen stehen gelassen werden mussten. Im August 2018 waren der Alvra-Steuerwagen At 57802 und die Lokomotiven Ge 4/4 II 622 und Ge 4/4 III 641 in Pontresina, um das Lokpersonal zu schulen.

Hans-Bernhard Schönborn

Appenzeller-Bahnen

Die Appenzeller-Bahnen (AB) modernisierten 2018 grundlegend ihre meterspurige Fahrzeugflotte. Für die Linie Gossau–Herisau–Appenzell–Wasserauen wurden insgesamt fünf neue Triebwagenzüge des Typs WALZER (Nr. 1001–1005) und für die neue »Durchmesser-Linie« Trogen–St. Gallen–Gais–Appenzell elf neue Glieder-Triebwagen-Züge des Typs TANGO (Nr. 4001/4101–4011/4111) beschafft. Nach der Einstellung der Zahnrad-Strecke über die sogenannte Ruckhalde in St. Gallen (letzter Betriebstag 02.04.2018) durch den im Herbst 2018 neu eröffneten Riethüsli-Tunnel zwischen St. Gallen und Riethüsli kann die Strecke Trogen–St. Gallen– Gais–Appenzell nun durchgehend im Adhäsions-Betrieb mit den neuen Straßenbahn-Triebwagen befahren werden. Die Umstellung wurde notwendig, da auf dem Abschnitt durch die Stadt St. Gallen und nach Trogen nur Fahrzeuge mit einem Straßenbahn-Radreifenprofil verkehren können. Entsprechend werden in Zukunft auch zwischen St. Gallen und Gais keine der bisherigen Fahrzeuge der AB und SGA verkehren können.
Derzeit verkehren einzig auf der Zweigstrecke Gais–Altstätten Stadt noch die beiden Zahnrad-Adhäsionstriebwagen BDeh 4/4 16 und 17 mit den zuge-

Appenzeller-Bahnen: Der Triebwagen 4004 (Typ TANGO) pausierte am 9. Oktober 2018 im Depot Gais der Appenzeller-Bahnen. Das Unternehmen stellte für die neu geschaffene »Durchmesser-Linie« Trogen–St. Gallen–Gais–Appenzell insgesamt elf dieser Glieder-Triebwagen-Züge in Dienst.
Foto: Dr. M. Strässle

hörigen Steuerwagen ABt 116 und 117 (Baujahr 1993). Aufgrund von Diskussionen über die Rentabilität dieses Abschnitts ist allerdings mit einer möglichen Aufgabe dieser reizvollen, aber durch die Zahnrad-Fahrzeuge im Unterhalt teuren Strecke zu rechnen. Von den bisher auf der Strecke St. Gallen–Gais–Appenzell eingesetzten Fahrzeugen wurden die Triebwagen BDeh 4/4 11–15 und die Steuerwagen ABt 111–115 inzwischen an die Achensee Bahn AG in Jenbach abgegeben. Dort wurden die Fahrzeuge teilweise auf Gleisen der Achensee-Bahn, zum Teil aber auch auf einem provisorisch verlegten Gleis im Bereich des Güterbahnhofs der benachbarten Zillertalbahn abgestellt. Es bleibt abzuwarten, ob diese derzeit noch gut erhaltenen Fahrzeuge auf der Meterspurbahn von Jenbach zum Achensee zum Einsatz kommen werden. Zuvor müsste die Achenseebahn elektrifiziert und die Gleisanlagen für die wesentlich schwereren Fahrzeuge verstärkt werden.
Die anderen ausgemusterten bzw. ersetzten Fahrzeuge der Strecke Gossau–Appenzell–Wasserauen und einige der neueren Zwischen- und Steuerwagen der Strecke St. Gallen–Gais–Appenzell stehen derzeit in Gossau SG abgestellt und warten auf potenzielle Käufer oder den Schrotthändler. Lediglich einzelne Fahrzeuge sollen zumindest vorerst noch für die Bildung von Verstärker-Modulen gemeinsam mit den neuen WALZER-Triebwagen von Stadtler an Tagen mit hohem Fahrgastaufkommen an Wochenenden in den Sommermonaten zum Einsatz kommen.
Die AB haben die wohl größte Flotten-Erneuerung ihrer Geschichte abgeschlossen. Mit dem Einsatz der Triebwagen des Typs TANGO hat sich die Strecke Trogen–St. Gallen–Gais–Appenzell von einer Schmalspurbahn zu einer Überland-Straßenbahn gewandelt, wobei die Triebwagen Sitzplätze in der 1. und 2. Klasse bieten. Positiv zu vermerken ist, dass die Bahn damit erhalten blieb und nicht durch einen Busverkehr ersetzt wurde. Bedauerlich ist hingegen aus Sicht des Eisenbahnfreundes, dass die bisher auf der einstigen SGA-Strecke St. Gallen–Gais–Appenzell fallweise veranstalteten Nostalgiefahrten mit dem Triebwagen ABDeh 4/4 5 »Föifi« dort nun nicht mehr stattfinden und das Fahrzeug nur noch auf dem Abschnitt Appenzell–Wasserauen eingesetzt werden kann. *Dr. Markus Strässle*

Dampfbahn Furka-Bergstrecke: *Die DFB präsentierte am 16. Juni 2018 in ihrer Werkstätte in Uzwil die Zahnrad-Dampflok 704. Rund 50.000 Arbeitsstunden waren für die Instandsetzung der Maschine notwendig.* *Foto: Dr. M. Strässle*

Waldenburger Bahn: *Die Lok G 3/3 WB 5 »Gedeon Thommen« (Baujahr 1902) war am 23. September 2018 letztmalig mit drei Zugpaaren auf der Strecke Bad Bubendorf–Waldenburg im Einsatz. Foto: Dr. M. Strässle*

Dampfbahn Furka-Bergstrecke

Die 1923 von der Schweizer Lokomotivfabrik Winterthur (SLM) gebaute meterspurige Zahnrad-Dampflok 704 (Fabrik-Nr. 2.940) der Dampfbahn Furka-Bergstrecke (DFB) steht nach der Instandsetzung in der DFB-Werkstätte in Uzwil SG kurz vor ihrer Wiederinbetriebnahme. Die SLM lieferte die Maschine nach Vietnam. Die Lok gelangte 1990 gemeinsam mit weiteren, zum Teil früher bei der Furka-Oberalp Bahn (FO) eingesetzten Fahrzeugen aus Vietnam zurück in die Schweiz und wurde ab 2006 – unter Verwendung zahlreicher Originalteile – praktisch neu aufgebaut. Die Lok wurde wenige Tage nach ihrer Vorstellung in Uzwil (16.06.2018) in das Verkehrshaus der Schweiz (VHS) nach Luzern überstellt und anschließend zur DFB nach Realp gebracht, wo am 20. Juli 2018 die ersten Einstellungs- und Probefahrten für die Neuzulassung durch das Eidgenössische Amt für Verkehr stattfanden. Da die etwa 800 PS starke Maschine zwar in der Schweiz gebaut wurde, hier aber bisher nie bei einer Bahn zum Einsatz kam, war eine komplette amtliche Neuabnahme entsprechend aktuell geltenden Vorschriften notwendig. Ein planmäßiger Einsatz dieser größten Dampflok der DFB ist ab 2019 auf der Bergstrecke Realp–Furka–Gletsch–Oberwald geplant.

Die Arbeiten an der 1930 gebauten Schwestermaschine (Lok 708) laufen noch in Uzwil. Der Rahmen der Lok 708 ist allerdings praktisch ein Neubau, ebenso der Zylinderblock. Die Räder samt den überdrehten Radreifen sind bei beiden Loks noch original. Allerdings wurden alle Achswellen neu angefertigt. Die Lok 704 hat einen originalen, aufgearbeiteten Kessel erhalten. Für die Lok 708 muss ein Neubau-Kessel mit neuer Kupferfeuerbüchse beschafft werden. *Dr. Markus Strässle*

Waldenburger Bahn

Zu einem wahren Volksfest gestaltete sich am 23. September 2018 auf der Waldenburgerbahn (WB) die Verabschiedung der Lok G 3/3 WB 5 »Gedeon Thommen« (Baujahr 1902). Mit dem Umbau ihrer einzigen Einsatzstrecke von 750 auf 1.000 mm Spurweite in den Jahren 2018 bis 2022 verliert die Maschine ihre einzige Einsatzstrecke in der Schweiz. Eigens für die Abschiedsfahrten wurde die Maschine von ihrer Lok-Mannschaft nach einer fast vierjährigen Pause nochmals fit gemacht und zog insgesamt drei Zugpaare über die etwa 10 km lange Strecke Bad Bubendorf–Waldenburg. Der Zug bestand aus dem vierachsigen Personenwagen Nr. 48 und dem gedeckten Güterwagen Nr. 208. Die Dampflok soll mit zwei Wagen in einer noch zu errichtenden Ausstellungshalle am Haltepunkt Talhaus präsentiert werden. Eine Umspurung und Anpassung der Maschine an die ab 2022 völlig modernisierte Strecke wurde aus zahlreichen Gründen nicht verfolgt. Im Trubel der Dampflok-Verabschiedung ging fast unter, dass am 23. September 2018 auch der modernisierte Haltepunkt Talhaus in Betrieb genommen wurde. *Niels Kunick*

Guus Ferrée

Der Perfektionist

Wim Pater kauft seit zehn Jahren deutsche Schmalspurfahrzeuge mit 1.000 mm Spurweite. Inzwischen hat der Niederländer eine der größten privaten Fahrzeugsammlungen in Europa zusammengetragen.

Es gibt Menschen, deren Leben verläuft wie in einem spannenden Abenteuerbuch. Der Niederländer Wim Pater ist so ein Beispiel. Vor fast genau zehn Jahren erwarb der 53-jährige in England seine erste meterspurige Dampflok. Mittlerweile nennt er mit rund 90 überwiegend deutschen Maschinen, Personen-, Pack- und Güterwagen eine der größten Schmalspur-Sammlungen Europas sein eigen. Viele der von ihm übernommenen Fahrzeuge besaßen nur noch Schrottwert. Kaum jemand rechnete damit, dass es Wim Pater gelingen würde, diese Lokomotiven und Wagen zu neuem Leben zu erwecken. Das Wunder gelang: Inzwischen sind etwa 30 Fahrzeuge betriebsfähig und bei der Touristen Bahnen Rheinland GmbH, dem Eisenbahnverkehrsunternehmen (EVU) der Selfkantbahn, eingestellt. Wim Paters größter Traum – ein nachgebauter historischer Schmalspurbahnhof mit Güterschuppen und Bahnbetriebswerk bei einem deutschen Eisenbahn-Verein. Und das Ganze überdacht. »Dann können die Koffer abends auch im Freien stehen bleiben«, meint Wim Pater. Guus Ferrée besuchte den ambitionierten Eisenbahnfreund.

Auf die Minute genau meldet sich der Sammler an einem Wintermorgen vor einer unscheinbar aussehenden großen Halle in Veendam, im Norden der Niederlande. Nichts deutet hier auf seine große Leidenschaft, das Sammeln und Restaurieren deutscher Meterspur-Lokomotiven und -Wagen, hin. Als wir in der Halle sind und die Lichter angehen, entschuldigt sich Wim Pater, dass er keine Kaffee anbieten kann.

In einer Halle in Veendam, im Norden der Niederlande, stehen die Güterwagen der Sammlung Wim Pater. Zu den technikgeschichtlich wertvollsten Stücken zählt ein vierachsiger Wagen der Kleinbahn Piesberg-Rheine. *Foto: S. Ferrée*

Die Lok FRANZBURG des DEV war am 30. Juli 2017 mit den gerade aufgearbeiteten zweiachsigen Lenz-Güterwagen von Wim Pater auf der Selfkantbahn im Einsatz. So sahen vor rund 100 Jahren Schmalspur-Güterzüge aus. Foto: G. Ferrée

»Ich trinke keinen Kaffee.« Aber was der Besucher zu sehen bekommt, lässt einen Eisenbahnfreund nur staunen. In der großen, warmen Halle stehen teilweise mustergültig aufgearbeitete Dampfloks, sehr schön restaurierte zweiachsige Güterwagen und ein vierachsiger Personenwagen. Und nicht zu vergessen – eine riesige Anzahl an Koffern, Milchkannen, Holzfässern und Kisten mit leeren Bierflaschen. Auch Gepäck- und Sackkarren sind zu sehen.

Wim Pater ist ein Eisenbahnfreund, der nicht nur in großen Dimensionen träumt und denkt, sondern ebenso entschlossen handelt. Dies zeigt sich beispielhaft an den großen Regalen, in denen Paletten und Kisten mit Achsen, Puffern, Schornsteinen, Kupplungen, Bremsarmaturen usw. lagern. Alles ist perfekt geordnet, wie in einer großen professionellen Eisenbahnwerkstatt. Das alles dokumentiert Wim Paters Disziplin und Willen. Was für einen Elan dieser Sammler hat.

Guus Ferrée: Wie haben Sie geschafft, in nur zehn Jahren eine so imposante Sammlung aufzubauen?

Wim Pater: Als ich 10 Jahre alt war, habe ich bei meinem Onkel ein Buch über das 70-jähre Jubiläum der Gelderschen Dampfstraßenbahn gelesen. Diese Gesellschaft hatte ein ausgedehntes 750 mm-Streckennetz das bis Emmerich reichte. Ich sah viele Bilder mit kleinen zweiachsigen Güterwagen. Mein erster Gedanke war, das möchte ich später einmal im Modell nachbauen. Das waren wirklich fantastische Züge.

Guus Ferrée: Aber ein Modell nachzubauen, ist etwas anders als das Sammeln von Meterspur-Lokomotiven und -Wagen im Maßstab 1 : 1.

Wim Pater: Imn Jahr 2009 erzählte ich meiner Frau, dass ich eine kleine Dampflok kaufen möchte. Diese sollte betriebsfähig aufgearbeitet werden. Wir wollten dann die Maschine zu verschiedenen Veranstaltungen bei Museumsbahnen bringen, um dort die Lok fahren zu lassen. In England kaufte ich schließlich einen kleinen B-Kuppler. Die Maschine wurde 1908 von der Firma Krauss & Co. in München gebaut. Die Lok gelangte nach Argentinien, wo sie mit Fleisch beladene Güterwagen zum Hafen von Puerto Cuatreros transportierte. Nur zwei Monaten später kaufte ich einen weiteren B-Kuppler. Auch diese Maschine stammte von der Firma Krauss & Co., gehörte aber einst dem Hüttenwerk Hörde in Dortmund. Diese beiden Maschinen wurden als erste betriebsfähig aufgearbeitet. Leider gibt es zu beiden Maschinen keine Betriebsbücher mehr. Also kann man die Loks nicht im öffentlichen Betrieb

Wim Pater vor einem der aufgearbeiteten offenen Güterwagen der OEG. »Ich arbeite schnell. Zack, zack, zack, dann muss die Sache erledigt sein«, sagt der Niederländer. *Foto: S. Ferrée*

einsetzen. Nur Probefahrten sind mit den beiden B-Kupplern möglich.

Guus Ferrée: Was hält ihre Frau von dieser Sammlung?

Wim Pater lacht leise: Vor sechs Monaten habe ich ihr die Halle zum ersten Mal gezeigt. Sie sagte, dass ich eine längst vergangen Epoche nachbauen wolle. Ich hätte 100 Jahre früher geboren werden sollen. Und meine beiden Söhne? Ich habe sie als Teenager einmal zur Dampfstraßenbahn Hoorn–Medemblik mitgenommen. Sie waren sogar bis zu einem gewissen Grad begeistert.

Guus Ferrée: Wie beurteilen sie die heutigen Museumsbahnen im Allgemeinen?

Wim Pater: Museen arbeiten oft lange Zeit an bestimmten Projekten. Ich gehe da einen anderen Weg. Wenn zum Beispiel einige Güterwagen zur Aufarbeitung nach Deutschland gebracht werden sollen, suche ich zunächst alle benötigten Teile zusammen. Sind Originalteile nicht mehr verfügbar, lasse ich diese bei verschiedenen Herstellern nachfertigen. Dann transportiere ich auch Kisten mit Mittelpuffern, Kupplungsketten, Radsätzen, Federn usw. Ja, da bin ich sachlich. Ein gutes Verhältnis zu den Museumsbahnen ist mir sehr wichtig. Ich suche stets nach einer Win-Win-Situation für beide Seiten. Wenn ich etwas von den Vereinen kaufe, dann zahle ich einen guten Preis. Mit dem Geld können die Museen beispielsweise eine Halle bauen. Die Vereine und Museen haben oft Teile, die ich benötige. Sind Originalteile nicht mehr zu beschaffen, bitte ich die Eigentümer, ob sie mir die Teile ausleihen, damit ich diese nachbauen kann. Ich überlasse den Museen dann auch einige neue Teile. Außerdem leihe ich den Museumsbahnen meine aufgearbeiteten Wagen. Eigentlich betreibe ich einen Wagenpool.

Guus Ferrée: Die Museumbahnen legen den Fokus nicht auf Güterwagen, Ihre große Leidenschaft.

Wim Pater: Das stimmt und ist eigentlich auch logisch. Mit Personenzügen verdienen die Museumsbahnen ihr Geld. Güterwagen sind schön für die Optik, besitzen aber für den eigentlichen Betrieb meistens keine Priorität. Obwohl früher rund 80 Prozent des Eisenbahnverkehrs auf die Gütertransporte entfielen. Mit dem Güterverkehr wurden die Eisenbahnunternehmen einst groß. Ich habe mich bei verschiedenen deutsche Museumsbahnen umgeschaut und auch gesehen, dass man es manchmal anders machen sollte. Ich bin der Meinung, dass historisch wertvolle Wagen nicht im Freien stehen sollen. Außerdem sollten freiwillige Mitarbeiter manch-

Die Dampflokomotiven der Sammlung Wim Pater (Stand 31.01.2019)

Betriebs-Nr. / Name	Bauart	Hersteller	Baujahr	Fabrik-Nr.	Bemerkungen
Lok 2 »Nastätten«	Cn2t	Henschel	1900	5.575	geliefert an Kleinbahn Selters-Hachenburg; 1957 an Nassauische Kleinbahn (Lok 16); 1962 an Schrotthandel Schuy (Limburg); 1971 an IHS; ab 1981 Denkmal in Nastätten
Lok III	Bn2t	Krauss (M)	1908	5.742	geliefert an Frigorifico Sansinena-Puerto Cuatreros (Argentinien)
RUR	Bn2t	Henschel	1899	5.276	Kastendampflok; geliefert an Dürener Dampfstraßenbahn (später Dürener Eisenbahn AG); 1942 an Papierfabrik Schoeller, Birkesdorf (+ 1971); 1973 an IHS
Lok 4	Cn2t	Borsig	1904	5.327	geliefert an V & W für die Schmalspurbahn Mosbach–Mudau; ab 01.05.1931 DRG (99 7204); z 25.07.1964; + 10.03.1965; an Holzindustrie Anton Heggenstaller; ab Oktober 1969 Denkmal in Unterbernbach; am 30.09.1999 an MME
Lok 5i	Bn2t	Vulcan	1894	1.379	geliefert an FKB; ab 01.04.1949 DR (99 5606); z 10.04.1968; + 10.04.1970; am 30.03.1972 an Firma Ernst Paul Lehmann (Nürnberg) verkauft
Lok 5	Bn2t	Krauss (M)	1894	3.142	geliefert an Hüttenwerke Hörde, Dortmund
Lok 13 CARL	Cn2t	Hohenzollern	1907	2.241	geliefert an Kreis Altenaer Eisenbahn; ab 1961 Denkmal in Altena
Lok 14g	Dn2t	Krauss (M)	1918	7.558	1919 geliefert an Heeresfeldbahnen (HK 87), Demobilisierungslager Parchim; 1919 an Strecke Vikkala–Ojamo (Finnland); später an Lohja Kalkwerke (Nr. 3)

mal bei ihrer wertvollen Tätigkeit besser begleitet werden. Ich bevorzuge ein hohes Tempo, will gleich mehrere Wagen hintereinander aufarbeiten lassen. Natürlich dauert es auch bei mir einige Zeit, bevor etwas fertig wird. Bitte verstehen Sie mich nicht falsch. Museen und Museumsbahnen sind äußerst wichtig. Viele Eisenbahnfahrzeuge blieben nur dank ihres Engagements bis heute erhalten.

Wim Pater holte die ehemalige Heeresfeld-Maschine HK 87 aus Finnland. Im Dezember 2018 wurde die Maschine nach Wetzlar transportiert, wo die betriebsfähige Aufarbeitung der 1918 gebauten Dampflok begann. *Foto: S. Ferrée*

Die Diesellokomotiven und Motordraisine der Sammlung Wim Pater (Stand 31.01.2019)

Betriebs-Nr.	Bauart	Hersteller	Baujahr	Fabrik-Nr.	Bemerkungen
V 9	C-dm	LKM	1967	250.434	Typ V 10 C; VEB Mansfeld-Kombinat »Wilhelm Pieck«, August-Bebel-Hütte Helbra (Nr. 9[II]); 1993 an MaLoWa
V 20	B-dh	ČKD	1959	4.686	Typ BN 150-IV; geliefert an ČSD (T 211.059); später an Kummler + Matter AG (CH)
V 21	B-dh	O & K	1957	25.833	Typ MV 9 (900 mm Spurweite); geliefert an Braunkohlen- und Brikettwerke Roddergrube AG, Brühl (Lok 39); 1960 an Rheinische Braunkohlenwerke AG (Lok 151); 1970 an Consorzio Gottardo Sud für Autobahn Tunnel Airolo (CHRISTALLINA 21); 1978 an RhB (nicht im Einsatz); 1991 an Lok Service Burkhardt AG; 1994 an Dampfbahn Furka Bergstrecke (nicht im Einsatz); später an Tafag AG; 2000 an Kummler + Matter AG
D 6	Draisinenbau Hamburg		?	?	geliefert an Wehrmacht für Sylt; später an Sylter Inselbahn (Umbau zum Spritzwagen A3); später an IBL

Guus Ferrée: Fahren Sie ihre Lokomotiven selbst?

Wim Pater: Nein. Das kann ich nicht. Am liebsten sitze ich auf einer Bank entlang der Strecke und schaue mir die vorbeifahrenden Züge an. Da bin ich dann in meinem Element, wie im Sommer 2017. Zum ersten Mal fuhren meine Lenz-Wagen bei der Selfkantbahn und bei der Sauerländer Kleinbahn. Es war ein herrlicher Anblick, als ein schönes hellgraues Band aus Güterwagen durch die Landschaft rollte. So muss es früher einmal ausgesehen haben. Wie gesagt, Museumsbahnen können meine Wagen bekommen. Ich brauche dafür kein Geld. Ich organisiere sogar den Transport auf eigene Kosten. Es gibt nur eine grundsätzliche Bedingung – die Wagen müssen nachts in einer Halle stehen. Da gibt es natürlich intern Diskussionen. Sind Paters Wagen wichtiger als unsere Fahrzeuge? Aber das ist nun einmal meine Regel.

Ich habe Glück: In der Halle, die ich mit Wim Pater besuche, sehe ich gerade noch die größte Dampflok seiner Sammlung. Es ist eine Dn2t-Maschine der deutschen Heeresfeldbahnen, gebaut 1918 und erst nach dem Ende des Ersten Weltkrieges ausgeliefert.

Von der MME übernahm Wim Pater den Personenwagen Nr. 8 der Schmalspurbahn Mosbach–Mudau, der zuletzt bei der Bundesbahn die Betriebs-Nr. »0140 Kar« trug. Links ist die Diesellok des Typs V 10 C zu sehen. Foto: S. Ferrée

Die Personen- und Packwagen der Sammlung Wim Pater (Stand 31.01.2019)

Betriebs-Nr.	Gattung	Hersteller	Baujahr	Fabrik-Nr.	Bemerkungen
FKB 6	BPwPost	Beuchelt	1894	?	geliefert an FKB; ab 01.04.1949 DR (10.288p; ab 1958: 907-003); + 26.04.1967; 1999 an IHS
FKB 10	Ci	Görlitz	1894	?	geliefert an FKB; ab 01.04.1949 DR (10.234p; ab 1958: 901-321); + 23.12.1968
StMB 13	Ci4	B & H	1898	?	geliefert an StMB; später an IBL
BKB 2	Ci4	Weyer	1903	?	geliefert an MKB; später an BK; später an BKB
BKB 7	Ci4	Weyer	1902	?	geliefert an BK; später an BKB
BKB 38	PwPost	Weyer	1909 (?)	?	geliefert an BK
BK 52	Ci4	Oldenburg	1926	?	geliefert an BKB
KPRh 54	PwPost4	v.d. Zypen	1905	?	geliefert an KPRh
SEG 124	BCi4	MAN	1886	39.965	geliefert an SEG für MaWE; später an ZTE; später an MEG; später an IBS
SEG 174	Ci4	Herbrand	1891	?	geliefert an SEG für MaWE; später an ZTE; später an MEG; später an IBS
OEG 104	BPw	MAN	1886	39.996	geliefert an OEG
LRE 12	PwPost	v.d. Zypen	1893	?	geliefert an V & W für LRE; 1922 an Schmalspurbahn Mosbach-Mudau; ab 01.05.1931 DRG (80 Kar); + 1964; 1999 an MME
MM 42	Ci	Görlitz	1904	?	geliefert an V & W für Schmalspurbahn Mosbach-Mudau (Nr. 8); ab 01.05.1931 DRG (42 Kar); + 1965; 1999 an MME
Bay 9302	Bi	MAN	1890	41.362	geliefert an K.Bay.Sts.B. für Pfalzbahn, DR, DB
23	?	?	?	?	
1001	?	?	?	?	

Wim Pater: Diese Lok kam zu spät aus der Fabrik. Der Erste Weltkrieg war gerade vorbei. Sie gelangte schließlich nach Finnland und blieb als einzige ihres Typs bis heute erhalten. Zusammen mit einem guten Freund, Roland Molz, habe ich die Lok zurückgeholt.

Einige Wochen nach meinem Besuch wurde die Maschine am 21. Dezember 2018 zur Lonkwitz Edelstahl-

Die beiden vierachsigen Weyer-Personenwagen BKB 2 und BKB 7 (Aufnahme vom27.11.2018) waren zuletzt bei der Borkumer Kleinbahn im Einsatz. *Foto: S. Ferrée*

Die Güterwagen der Sammlung Wim Pater (Stand 31.01.2019)

Betriebs-Nr.	Gattung	Hersteller	Baujahr	Bemerkungen
RKB 104	Gw	Görlitz	1896	geliefert an RKB oder SKB; 1945 an PKP
FKB 105	Gw	Beuchelt	1894	geliefert an FKB; ab 01.04.1949 DR (10.345p; ab 1958: 99-30-11)
FKB 106	Gw	Beuchelt	1894	geliefert an FKB; ab 01.04.1949 DR (10.346p; ab 1958: 99-30-03)
FKB 123	Gw	Beuchelt	1904	geliefert an FKB; ab 01.04.1949 DR (10.363p; ab 1958: 99-30-47)
FKB 138	Gw	v.d. Zypen	1899	geliefert an CBE; später an FKB; ab 01.04.1949 DR (10.378p; ab 1958: 99-30-53)
SKB 136	Gw	Görlitz	1896	geliefert an SKB (oder RKB); 1945 an PKP
SKB 148	Gw	Beuchelt	1910	geliefert an SKB; 1945 PKP
63	Gw	v.d. Zypen	?	geliefert an KKB oder eine andere Lenz-Bahn in Hinterpommern; 1945 an PKP
GbKB 357	Gw	Beuchelt	1904	geliefert an GbKB; 1945 an PKP
406	Gw	Beuchelt	?	geliefert an eine Lenz-Bahn in Hinterpommern; 1945 an PKP
410	Gw	Beuchelt	?	geliefert an eine Lenz-Bahn in Hinterpommern; 1945 an PKP
MKL 107	GG	Steinfurt	1908	geliefert an MKL; 1945 an PKP
RKB 219	Ow	Beuchelt	1908 (?)	geliefert an RKB (?); 1945 an PKP
RKB 220	Ow	Beuchelt	1908 (?)	geliefert an RKB (?); 1945 an PKP
RKB 223	Ow	Beuchelt	?	geliefert an RKB (?); 1945 an PKP
RKB 224	Ow	Beuchelt	?	geliefert an RKB (?); 1945 an PKP
KKB 215	Ow	Görlitz	1894	geliefert an KKB; 1945 an PKP
87/08 K	Ow	Görlitz	?	geliefert an GbKB, KKB oder RKB; 1945 an PKP (Nr. 00-075420506-0)
KKB 25	Gw	Beuchelt	1899	geliefert an Kehdinger Kreisbahn
KKB 26	Gw	Beuchelt	1899	geliefert an Kehdinger Kreisbahn
IBL 11	SS	Beuchelt	1911	geliefert an Eckernförder Kreisbahnen; später an Inselbahn Juist; später an IBL
IBL 23	Ow	Hofmann	1905	geliefert an Straßenbahn Meißen; später an IBL
StMB 154	Ow	B & H	1897	geliefert an StMB; später an IBL
StMB 194	OO	B & T	1901	geliefert an Salzwedeler Kleinbahnen; später an StMB; später an IBL
MKB 4	GG	Weyer	?	geliefert an MKB
OEG 301	Gw	S & M	1886	geliefert an OEG
OEG 305	Gw	MAN	1887	geliefert an OEG
OEG 326	Gw	Herbrand	1889	geliefert an OEG
OEG 328	Gw	Herbrand	1889	geliefert an OEG; später am RHB
OEG 335	Gw	Herbrand	1889	geliefert an OEG
OEG 362	Gw	Fuchs	1915	geliefert an OEG
OEG 368	Gw	Wismar	1917	geliefert an Deutsche Waffenfabrik, Karlsruhe; später an OEG
OEG 718	Gw (ex BC)	MAN	1886	geliefert an OEG
OEG 702	Ow	S & M	1887	geliefert an OEG
OEG 727	Ow	Herbrand	1889	geliefert an ZTE; später an OEG
OEG 801	OO	Ludwigshaf.	1895	geliefert an OEG
OEG 826	Hw	Herbrand	1898	geliefert an OEG
OEG 827	Hw	Herbrand	1898	geliefert an OEG
OEG 860	Ow	Weimar	1899	geliefert an OEG
OEG 863	Ow	Weimar	1899	geliefert an OEG
OEG 864	Ow	H & R	1899	geliefert an OEG
OEG 866	Ow	H & R	1899	geliefert an OEG; später an RHB
OEG 870	Ow	H & R	1899	geliefert an OEG
OEG 880	Ow	H & R	1899	geliefert an OEG
OEG 886	Ow	Weimar	1899	geliefert an OEG
OEG 895	Ow	Weimar	1899	geliefert an OEG
OEG 1017	Ow	Herbrand	1900	geliefert an OEG
OEG 1021	Ow	Herbrand	1903	geliefert an OEG
OEG 1024	Ow	Herbrand	1903	geliefert an OEG
»E 81«	Gw	Pennock	1916	geliefert an Stoomtramweg-Maatschappij Oostelijk Groningen
»E 93«	Gw	Brugeoise	1930	geliefert an Stoomtramweg-Maatschappij Oostelijk Groningen
164	SSw	Rastatt	1913	geliefert an RhB; 1991 an DEV
31 M	Gw	?	?	später an Klingenthal–Sachsenberg-Georgenthal
L 45	Ow	SIG	1903	geliefert an Trogener Bahn; später an Dampftram Bern
MOB 524	Gw	Busch	1905	geliefert an MOB
MOB X 22	Ow	Busch	1905	geliefert an MOB
RBS 512	Gw	Schlieren	1915	geliefert an Solothurn-Zollikofen-Bern-Bahn

In einer Halle in Blijham stehen die restaurierten offenen Güterwagen der OEG und die grau lackierten Lenz-Güterwagen. Im August 2019 sollen die elf grünen OEG-Wagen beim DEV zum Einsatz kommen (siehe Kasten S. 51). *Foto: S. Ferrée*

Die Halle in Veendam, wo Wim Pater einen Teil seiner Sammlung aufbewahrt, gleicht einem privaten Museum. Neben Lokomotiven und Wagen gibt es hier auch zahlreiche Fässer, Koffer, Bierkästen etc. *Foto: S. Ferrée*

Zu den Schmuckstücken der Sammlung Wim Paters gehören zweifelsohne die Dampfloks, hier die Lok16 der Nassauischen Kleinbahn und die Lok 5^{I} der Franzburger Kreisbahnen (links hinten). *Foto: S. Ferrée*

In den großen Regalen in der Halle in Veendam warten allerlei Bauteile, z.B. Mittelpuffer, Kuppelketten, Radsätze usw., auf ihren Einbau. Viele Teile hat Wim Pater nachbauen lassen. *Foto: S. Ferrée*

technik GmbH in Wetzlar transportiert. Das Unternehmen ist einer der Betriebe, die für Wim Pater arbeiten.

Guus Ferrée: Verschiedene Leute arbeiten fast täglich für Sie?

Wim Pater: Ja, das stimmt. Insgesamt arbeiten in einigen Ländern rund zehn Mann für mich. In Wetzlar übernimmt Roland Molz viele Aufgaben für mich, neben seinem täglichen Job. In Wetzlar wurden bisher drei Kessel für meine Dampfloks gebaut, für die »RUR«, Lok 13 »Carl« und die Lok 4ⁱ der ehemaligen Franzburger Kreisbahnen. Bei der Eisenbahn Werkstätten Krefeld GmbH (EWK) befindet sich Lok 4 der Schmalspurbahn Mosbach–Mudau. Die Arbeiten an Rahmen und Führerhaus sind bereits abgeschlossen. Die Instandsetzung der Achsen übernahm die MaLoWa Bahnwerkstatt GmbH Benndorf. In England arbeite ich mit der Werkstatt von Allan Keef in Ross-on-Wye zusammen. Er ist ein Experte für die Aufarbeitung alter Eisenbahnfahrzeuge.

Guus Ferrée: In der Halle steht auch die Lok 16 der Nassauischen Kleinbahn, einst Denkmal in Nastätten. Wie gelangte die Lok in den Norden der Niederlande?

Legende zu den Fahrzeug-Tabellen

Eisenbahngesellschaften und Vereine

BK	Bielefelder Kreisbahnen
BKB	Borkumer Kleinbahn und Dampfschifffahrtsgesellschaft mbH
CBE	Cöln-Bonner Kreisbahnen
ČSD	Tschechoslowakische Staatsbahnen
DEV	Deutscher Eisenbahn-Verein e.V.
DR	Deutsche Reichsbahn
DRG	Deutsche Reichsbahn-Gesellschaft (1925–1937)
FKB	AG Franzburger Kreisbahnen
GbKB	Greifenberger Kleinbahnen-AG
IBL	Inselbahn Langeoog
IBS	Inselbahn Spiekeroog
IHS	Interessengemeinschaft Historischer Schienenverkehr e.V.
K.Bay.Sts.B.	Königlich Bayerische Staatseisenbahn
KKB	Kolberger Kleinbahnen-AG
KPRh	Kleinbahn Piesberg-Rheine
LRE	Lokalbahn Rhein-Ettenheimmünster
MaWE	Mannheim-Weinheimer Eisenbahn
MEG	Mittelbadische Eisenbahn AG
MKB	Mindener Kreisbahnen
MKL	Memeler Kleinbahnen AG
MME	Märkische Museums-Eisenbahn e.V.
MOB	Montreux-Berner Oberland-Bahn
OEG	Oberrheinische Eisenbahngesellschaft AG
PKP	Polnische Staatsbahnen
RHB	Rhein-Haardtbahn
RhB	Rhätische Bahn AG
RKB	Regenwalder Kleinbahnen-AG
SEG	Süddeutsche Eisenbahn-Gesellschaft
SKB	AG Saatziger Kleinbahnen
StMB	Steinhuder Meer-Bahn GmbH
V & W	Vering & Waechter, Eisenbahnbau- und Betriebsgesellschaft mbH & Co.
ZTE	Zell-Todtnauer Eisenbahn

Lokomotiv- und Waggonfabriken

B & H	Buschbaum & Holland, Hannover; ab 1904: Hannoversche Waggonfabrik AG
B & T	Dortmunder Waggonfabrik Both & Tilmann
Beuchelt	Waggonfabrik Beuchelt & Co., Grünberg (Schlesien)
Borsig	Lokomotivfabrik August Borsig, Berlin-Tegel
Brugeoise	LA Brugeoise et Nivelles SA (Belgien)
Busch	Waggon- und Maschinenfabrik AG, vormals Busch; ab 1928: Linke-Hofmann-Busch AG
ČKD	Českomoravská Kolben Daněk
Fuchs	H. Fuchs Waggonfabrik AG, Heidelberg
Görlitz	Fabrikation für Eisenbahnmaterial, Waggon- und Maschinenbau AG, Görlitz, ab 22.10.1919: Waggonfabrik Görlitz AG; ab 06.01.1921: Waggon- und Maschinenbau AG Görlitz
H & R	Waggonfabrik Horney & Rödler, Neustadt (Mecklenburg)
Henschel	Henschel & Sohn AG
Herbrand	Waggonfabrik P. Herbrand & Cie, Köln-Ehrenfeld; ab 1889: Waggonfabrik AG, vormals P. Herbrand & Co.; ab 1917: Linke-Hofmann-Werke AG
Hofmann	Waggonfabrik Gebrüder Hofmann & Co. AG; ab 1912: Linke-Hofmann-Werke, Breslauer Aktiengesellschaft für Eisenbahnwagen-, Lokomotiv- und Maschinenbau
Hohenzollern	Hohenzollern AG für Lokomotiven, Düsseldorf-Grafenberg
Krauss (M)	Lokomotivfabrik Krauss & Co., München-Sendling
LKM	VEB Lokomotivbau »Karl Marx« Babelsberg
Ludwigshaf.	Waggonfabrik Ludwigshafen a. Rh.
MAN	Maschinenfabrik Augsburg-Nürnberg AG
O & K	Orenstein & Koppel AG, Drewitz und Nowawes (bei Potsdam)
Oldenburg	Waggonfabrik Oldenburg
Pennock	Waggon- und Karosseriebau Pennock, Den Haag
Rastatt	Waggonfabrik Rastatt AG
S & M	Waggonfabrik Schmieder & Mayer, Karlsruhe
Schlieren	Schweizerische Wagons- und Aufzügefabrik AG, Schlieren-Zürich
SIG	Schweizerische Industrie-Gesellschaft
Steinfurt	Waggonfabrik L. Steinfurt AG, Königsberg
v.d. Zypen	van der Zypen & Charlier, Köln Deutz; ab 1921: Westwaggon AG
Weimar	Waggonfabrik Weimar AG; ab 27.12.1901: Aktiengesellschaft für Eisenbahn- und Militärbedarf Weimar
Weyer	Düsseldorfer Eisenbahnbedarf AG, vormals Carl Weyer & Cie.; ab 1927: Westwaggon AG
Wismar	Triebwagen- und Waggonfabrik AG Wismar

Wim Pater: Ich habe die Lok vom Bürgermeister der Stadt Nastätten erworben. Der Stadtrat wollte ein besonders kostspieliges Projekt unterstützen, ein historisch wertvolles Fachwerkhaus kaufen und dann sanieren. Das wurde mir mal in einem Gespräch mitgeteilt. Ich habe dann ein gutes Gebot abgegeben und schließlich die Lok bekommen. Der Bürgermeister hat später meine Sammlung besucht. Er weiß, dass die Lok bei mir in guten Händen ist und später wieder fahren soll. Insgesamt habe ich so mit drei deutschen Bürgermeistern Geschäfte gemacht.

Ich fahre mit Wim Pater zur nächsten Lagerhalle. Was ich dort zu sehen bekomme, gleicht einem fantastischen Schatz. Komplett abgeschirmt von der Außenwelt stehen hier etwa 30 bis 35 alte Güterwagen und einige Weyer-Personenwagen. Alle schön nebeneinander und sortiert. Ordnung muss sein. Alte gedeckte Güterwagen der Oberrheinischen Eisenbahngesellschaft AG (OEG) entlang einer Mauer, dann viele Fahrzeuge aus Polen, die noch ihre PKP-Anschriften an den Seitenwänden tragen. Es ist ein schier unglaublicher Anblick. Alle Wagen haben eine eigene Geschichte.

Guus Ferrée: Wie haben Sie die Wagen entdeckt?

Wim Pater: Das mache ich nicht selbst. Ich habe überall Kontaktpersonen. Wenn bespielsweise in einem Garten in Polen ein Wagen entdeckt wird, biete ich dem Eigentümer Geld, damit er sich eine neue Laube oder einen Schuppen kaufen kann. Im vergangenen Jahr wurden fast jeden Monat mit Lastkraftwagen ehemalige deutsche Wagen aus Polen zu mir gebracht. In den letzten Wochen wurde es aber ruhiger. Ich weiß, dass sich in Gryfice, dem ehemaligem Greifenberg, noch etwa zehn Wagen befinden. Diese möchte ich auch gerne noch erwerben, sofern dies möglich ist.

Guus Ferrée: Sind nicht die deutschen Schmalspurfreunde neidisch?

Wim Pater: Nein,überhaupt nicht. Die Leute in der Schmalspurbahn-Szene kennen mich mittlerweile. Sie wissen, was ich leiste. Ich habe keinen Verein oder eine Stiftung. Ich kann also schnell tätig werden. Ich will auch nicht allzu lange verhandeln. Zack, zack, zack – so soll es eigentlich gehen. Viele Leute aus der Szene schätzen mich, weil ich erfolgreich bin. Vor einiger Zeit ist ein Insider die Trasse der ehemaligen Kleinbahn Piesberg-Rheine abgewandert. Die Strecke wurde bereits 1935 von Meter- auf Regelspur umgebaut.

Im Jahr 2014 übernahm Wim Pater von der MME die 99 7204, die ehemalige Lok 4 der Schmalspurbahn Mosbach–Mudau. Die Maschine wird derzeit in Krefeld betriebsfähig aufgearbeitet. *Foto: H. Koning*

Die Lok FRANZBURG des BEV stand am 30. Juli 2017 mit den aufgearbeiteten Lenz-Güterwagen von Wim Pater im Bahnhof Schierwaldenrath der Selfkantbahn. Foto: G. Ferrée

Er entdeckte einen alten Güterwagen aus der Schmalspurzeit, wahrscheinlich der einzige erhaltene Meterspurwagen der Kleinbahn Piesberg-Rheine. Ich habe das Fahrzeug schließlich bekommen.

Guus Ferrée: Das Ganze muss doch ein Vermögen gekostet haben. Wie finanzieren Sie Ihre Leidenschaft?

Wim Pater: Ich habe eine Fabrik für die Herstellung von Haustiernahrung gegründet. Später habe ich die Firma an ein amerikanisches Unternehmen verkauft. Ich bin für meine alte Firma noch als Berater tätig, da ich in meiner letzten Zeit als Eigentümer noch deren Ausbau geplant habe. Dieser erfolgt derzeit. Was ich studiert habe? Chemische Labortechnik.

Guus Ferrée: Was ist Ihre Lieblingslok?

Wim Pater: Kastenloks finde ich am schönsten. Daher habe ich vor einigen Jahre versucht, die Lok »Plettenberg« zu kaufen. Das ist mir leider nicht gelungen. Aber jetzt wird die 1899 gebaute Kastenlok »RUR« aufgearbeitet. Ich besitze die Maschine seit 2013. Die Dürener Dampfstraßenbahn war der erste Eigentümer des Fahrzeugs, das jetzt bei Allan Keef in England restauriert wird

Wieder geht es mit dem Auto weiter, diesmal in das benachbarte Dorf Blijham. Hier fuhr einst eine Dampfstraßenbahn. Diese hatte eine Seitenlinie, die als Pferdestraßenbahn betrieben wurde. Doch das ist längst Geschichte. In dieser dritten Halle erwartet mich ein neues Abenteuer. Hier stehen mustergültig restaurierte offene Güterwagen der OEG. Alle schön lackiert mit perfekten Anschriften. Aber Wim Pater findet nicht alle Wagen schön. Zwei Wagen sind etwas anders lackiert, nicht so glänzend wie die sieben Schwesterfahrzeuge.

Wim Pater: Wer sich die Wagen genau anschaut, erkennt den Unterschied. Der Grund – zwei verschiedene Mitarbeiter haben die Arbeit gemacht.

Guus Ferrée: Und jetzt?

Wim Pater: Die Wagen gehen zurück. Ich bezahle dafür und möchte, dass die Fahrzeuge alle gleich aussehen.

Guus Ferrée: Was wird die Zukunft bringen?

Wim Pater: Das ist nicht so schwierig zu beantworten. Ich werde eine Stiftung gründen müssen. Das ist unvermeidlich, damit die Kontinuität garantiert ist. Außerdem möchte ich gerne in meinem Heimatort Winschoten eine 125 m lange und 40 bis 50 m breite Halle bauen. Dort kann ich dann meine kompletten Züge abstellen und genießen, in einem privaten Museum. Das ist aber nur eine Zwischenlösung. Mein ultimatives Ziel ist der Bau eines historischen Bahnhofs, mit Güterschuppen und Bahnbetriebswerk. Das Ganze soll überdacht und an die Strecke einer meterspurigen Meterbahn angeschlossen sein.

»Plettenberg« mit elf O-Wagen der OEG

Die von Wim Pater geschätzte Kastendampflok »Plettenberg« des Deutschen Eisenbahn-Vereins e.V. soll am ersten August-Wochenende auf der Museumsbahn Bruchhausen-Vilsen–Asendorf mit elf grünen offenen Güterwagen der OEG verkehren. Dies ist erste Einsatz dieser einmaligen Güterwagen-Garnitur aus der Sammlung Wim Pater.

Dirk Endisch

Sie fuhr nur einen Sommer

Mit 99 7222-5 begann im Januar 1987 der planmäßige Einsatz der 1´E1´h2t-Maschinen der Baureihen 99^{22} und 99^{23-24} auf der Selketalbahn. Doch die Ära der Einheitslok in der Einsatzstelle Gernrode dauerte nur wenige Monate. Ein Rückblick.

Im Sommer 1986 waren die Tage der Mallet-Maschinen der Baureihe 99^{59} auf der Selketalbahn im Harz gezählt. Emsig arbeiteten die Beschäftigten der Bahnmeisterei (Bm) Aschersleben entlang der Abschnitte Gernrode–Alexisbad–Silberhütte und Alexisbad–Harzgerode. Sie verstärkten, wo es notwendig war, den Oberbau und die Durchlässe, beseitigten Bäume und Felsvorsprünge, um so das notwendige Lichtraumprofil für den Einsatz der großen 1´E1´h2t-Maschinen der Baureihen 99^{22} und 99^{23-24} sowie für die Aufnahme des Rollwagenverkehrs zu schaffen.
Bereits Anfang der 1980er-Jahre hatte die Reichsbahndirektion (Rbd) Magdeburg die Weichen für die Ablösung der inzwischen über 75 Jahre alten Malletloks gestellt. Dies war dem Wiederaufbau des 1946 demontierten Abschnitts Straßberg (Harz)–Güntersberge–Stiege geschuldet. Nachdem die Deutsche Reichsbahn die Neubaustrecke am 30. November 1983 offiziell eröffnet hatte, ruhte aber noch der Betrieb. Erst am 12. Februar 1984 erreichte der erste Nahgüterzug (N) aus Nordhausen Nord den Bahnhof Silberhütte (Anhalt). Für die Versorgung des neuen Heizkraftwerkes des VEB Pyrotechnik Silberhütte legte die Rbd Magdeburg zunächst täglich drei Güterzugpaare ein. Nachdem das Lager des Heizkraftwerkes aufgefüllt war, unterbrach die DR

Nach dem Einbau der Mischvorwärmer-Anlage (ab 03.01.1974) glich 99 7222-5 auf den ersten Blick den Neubau-Maschinen der Baureihe 99^{23-24}. Im Sommer 1987 ergänzte die Lok in Alexisbad ihren Wasservorrat. *Foto: G. Gattermann*

Die Est Gernrode bespannte mit der Einheitslok bevorzug die Personenzüge nach Eisfelder Talmühle und Stiege/Hasselfelde. Am 5. Juli 1987 war 99 7222-5 bei Straßberg (Harz) mit dem P 14465 nach Hasselfelde unterwegs. Foto: G. Gattermann

am 16. März 1984 den Betrieb, um die noch notwendigen Restarbeiten an der Neubaustrecke erledigen zu können. Außerdem waren umfangreiche Instandsetzungen an der Strecke Stiege–Eisfelder Talmühle vorgesehen. Erst am 3. Juni 1984 nahm die Rbd Magdeburg mit dem Zugpaar P 14461/14464 den planmäßigen Personenverkehr auf der Neubaustrecke auf. Zeitgleich führte die DR den Zugleitbetrieb mit Funk auf der Selketalbahn ein. Der Zugleiter in Alexisbad regelte und überwachte fortan den Betrieb auf den Strecken Gernrode–Stiege (ausschließlich) und Alexisbad–Harzgerode.

Zu diesem Zeitpunkt bildeten die noch vorhandenen fünf Exemplare der Baureihe 99^{59} und der 1939 von der Friedrich Krupp AG gelieferte Einzelgänger 99 6001 das Rückgrat in der Zugförderung der Einsatzstelle (Est) Gernrode. Bei Fahrzeug-Engpässen halfen immer wieder die Dreikuppler 99 6101 und 99 6102 auf der Selketalbahn aus. Bei den Eisenbahnfreunden standen 99 5901 (Baujahr 1897), 99 5902 (Baujahr 1897), 99 5903 (Baujahr 1898), 99 5904 (Baujahr 1901) und 99 5906 (Baujahr 1918) hoch im Kurs, waren sie doch die letzten in Deutschland planmäßig eingesetzten Malletloks. Bei den Eisenbahnern im Fahrdienst und in der Werkstatt waren die Oldtimer hingegen weniger beliebt. Der Einsatz und die Instandhaltung der B´B n4vt-Maschinen war mit allerlei Problemen verbunden. Vor allem für die Heizer war der Dienst auf der Baureihe 99^{59} alles andere als einfach. Der Kohlekasten links vor dem Führerhaus war für den oft schlechten Brennstoff zu klein. War der Kasten gefüllt, schippten die Eisenbahner auch noch den Führerstand mit Brennstoff voll. Eine kleine Holzwand sorgte dafür, dass der Lokführer nicht in der Kohle stehen musste. Der Heizer thronte hingegen auf den ersten Kilometern auf »seinem« Kohleberg. Bei längeren Schichten oder höherem Brennstoffverbrauch musste das Personal im Bahnhof Alexisbad aus einem offenen Güterwagen Kohle nachladen. Am Ende der Schicht forderten die Mallet-Maschinen noch einmal richtig Heizerschweiß. Da die Loks keinen Kipprost besaßen, mussten die Heizer oder Betriebsarbeiter mit Hilfe einer eisernen Schlackeschaufel mühsam die Verbrennungsrückstände vom Rost entfernen.

Mit der Aufnahme des Personenverkehrs auf der Relation Gernrode–Stiege–Hasselfelde/Eisfelder Talmühle nahm der Verschleiß an den Mallet-Maschinen deutlich zu, da die Maschinen nun auf längeren Abschnitten voll ausgefahren werden mussten. Zwar waren die Eisenbahner der Est Gernrode bestrebt, für die morgendliche Leistung nach Eisfelder Talmühle (P 14461/14464) und den am Nachmittag verkehrenden Pendel nach Hasselfelde (P 14465/14466) die 50 km/h schnelle 99 6001 einzusetzen, doch ab 2. Juni 1985 wurde das Angebot durch ein zusätzliches Zugpaar nach Stiege ergänzt. Damit war ein täglicher Einsatz der Mallet-Maschinen auf der Neubaustrecke nicht mehr zu vermeiden.

Die Rbd Magdeburg wusste um die Probleme mit der Baureihe 99^{59}. Bereits im Dezember 1983 hatte die Direktion einen umfangreichen »*Aufgaben- und Kontrollplan zur Herstellung und Sicherung der Leistungsfähigkeit der Harzer Schmalspurbahnen*« vorgelegt, der am 20. Juni bestätigt wurde. Zu den wichtigsten Aufgaben bei der Selketalbahn gehörte die »*oberbau- und streckentechnische Zulassung des Einsatzes (…) der BR* 99^{72}«. Dazu musste vor allem die notwendige Profilfreiheit geschaffen und an einigen Stellen der Oberbau instandgesetzt werden. Mit diesem »Aufgaben- und Kontrollplan« beschloss die Rbd Magdeburg außerdem die Einführung des Rollwagenverkehrs auf der Selktalbahn, die Ablösung der Saug- durch die Druckluftbremse auf allen Schmalspurbahnen im Harz sowie den Traktionswechsel durch den Einsatz der Dieselloks der Baureihe 199^{8}.

Doch zunächst besaß die Ablösung der Malletloks in der Est Gernrode oberste Priorität. Bis zum Juli 1986 waren die wichtigsten Arbeiten für die Anpassung des Lichtraumprofils abgeschlossen. Die Instandsetzung der Gleisanlagen bzw. der Einbau stärkerer Schienen nahm hingegen deutlich mehr Zeit in Anspruch, als die Rbd Magdeburg geplant hatte. Diese Verzögerung kam der Abteilung Triebfahrzeug-Betrieb (Tb) des Bahnbetriebswerks (Bw) Wernigerode nicht ungelegen. Ende 1986 gab es wieder einmal einen Engpass bei den Neubauloks der Baureihe 99^{23-24}. Seit dem Sommer 1984 benötigte die Tb-Gruppe täglich zehn 1´E1´h2t-Maschinen für den Streckendienst im Stammwerk sowie in den Einsatzstellen Benneckenstein (1 Lok), Hasselfelde (1 Lok) und Nordhausen Nord (3 Loks). Aufgrund des hohen Schadbestandes bei der Baureihe 99^{23-24} konnte Ende

Gemächlich rollte 99 7222-5 am 5. Juli 1987 mit dem P 14465 Gernrode–Hasselfelde durch den kleinen Ortsteil Stahlhammer, der zwischen den Stationen Mägdesprung und Drahtzug liegt. *Foto: G. Gattermann*

Dank ihrer doppelten Bremsausrüstung konnte 99 7222-5 im Selketal vor saug- und druckluftgebremsten Wagen eingesetzt werden. Im Sommer 1987 stand die Lok mit der so genannten Saugluft-Garnitur in Alexisbad. Foto: D. Riehemann

1986 dieser Bedarf mehr schlecht als recht gedeckt werden. Gleichwohl traf am 10. Dezember 1986 mit 99 236 die erste 1´E1´h2t-Maschine auf der Selketalbahn ein. Doch kaum war die Lok in Harzgerode eingetroffen, wo sie den N 67044 nach Gernrode übernehmen sollte, hieß es aus der Lokleitung in Wernigerode: Kommando zurück! 99 236 musste eine Lücke in der Est Nordhausen Nord schließen. Auch der Einsatz der 99 246 in der Est Gernrode (ab 13.01.1987) währte nur kurz. Erst mit 99 222 (ab 01.06.1970: 99 7222-5) begann der planmäßige Einsatz der 1´E1´h2t-Maschinen auf der Selketalbahn. Optisch unterschied sich die Einheitslok zu diesem Zeitpunkt kaum von den Neubau-Maschinen der Baureihe 99^{23-24}. Seit Anfang 1974 besaß 99 222 eine Mischvorwärmer-Anlage. Die 1931 für die Schmalspurbahn Eisfeld–Schönbrunn beschaffte 99 222 war erst ab 17. August 1966 im Harz zuhause. Ab dem Frühjahr 1967 gehörte die Lok meist zum Dienstplan 1. Dieser umfasste fünf Maschinen, die Personen- und Güterzüge auf den Verbindungen Wernigerode–Drei Annen Hohne–Nordhausen Nord und Wernigerode–Drei Annen Hohne–Schierke bespannten. Im Sonderdienst kam 99 222 gelegentlich auch mit Güterzügen auf dem Abschnitt Schierke–Brocken zum Einsatz. Da die Leistungsparameter der Einheitslok mit denen der Neubau-Maschinen im Wesentlichen übereinstimmten, galten die für die Baureihe 99^{23-24} festgelegten Fahrzeiten und Schlepplasten auch für 99 222.

Bei den Lokführern und Heizern stand der Einzelgänger zunächst nicht sonderlich hoch im Kurs. Aufgrund der einfachen Laufachsen der Bauart Bissel war der Bogenlauf der 99 222 im Vergleich zu den Neubau-Maschinen der Baureihe 99^{23-24} deutlich schlechter. Außerdem kam es in den ersten Einsatzjahren immer wieder zu Entgleisungen. Dies war insbesondere dem teilweise schlechten Zustand des Oberbaus geschuldet, auf dem die Laufachsen der Bauart Bissel zum Entgleisen neigten. Nach der Instandsetzung der Gleisanlagen Anfang der 1970er-Jahre war dies kein Thema mehr.

Ab 1979/80 fungierte 99 222 meist nur noch als Heizlok in Wernigerode. Sie diente zum Warmhalten bzw. Anheizen der ölgefeuerten Neubau-Maschine und zum Vorheizen der Personenzüge. Dazu erhielt die Einheitslok einen speziellen Heizflansch, über den der Dampf mit einem Druck von bis zu 8 kp/cm^2

Trotz eines Haarrisses im Zylinder waren die drei vierachsigen Personenwagen für die rund 700 PSi starke Lok keine Herausforderung. Im Sommer 1987 schleppte 99 7222-5 den P 14461 durch das Selketal bei Straßberg (Harz). Foto: G. Gattermann

entnommen werden konnte. Nur noch selten war die Maschine im Zugdienst zu sehen. Fallweise half 99 222 auch als Ersatz für die Baureihe 99^{61} im Rangier- und Rollbockdienst in Wernigerode aus. Erst ab 1981/82 wurde die Einheistlok wieder verstärkt im Plan 1 der Est Wernigerode eingesetzt. Doch diese Ära währte nur kurz:

Während einer Zwischenausbesserung (L5) im Reichsbahnausbesserungswerk (Raw) Görlitz wurden im Herbst 1983 Haarrisse im Schieberkasten des linken Zylinders entdeckt. Diese konnten aber nur behelfsmäßig beseitigt werden. Nach nicht einmal sieben Monaten musste die Maschine abermals schadhaft abgestellt werden. Bei der nun notwendigen Bedarfsausbesserung (L0) im Bw Wernigerode (10.05.–14.06.1986) begutachteten Fachleute der Schweißtechnischen Versuchsanstalt der DR aus Wittenberge die Haarrisse im linken Zylinder. Die Experten schlugen eine Demontage des Bauteils und eine Reparaturschweißung in Wittenberge vor. Dies erfolgte bei der im Frühjahr 1986 im Raw Görlitz fälligen Zwischenuntersuchung (L6: 08.04.–18.07.1986). Allerdings konnte die Maschine nun nicht mehr vor schweren Personen- und Güterzügen auf der Harzquer- und Brockenbahn eingesetzt werden. Daher setzte die Tb-Gruppe die Einheitslok im Januar 1987 zur Est Gernrode um. Bei den Eisenbahnern erfreute sich 99 222 sofort großer Beliebtheit. Mit ihrem für Schmalspur-Dampfloks geräumigen Führerhaus bot sie deutlich bessere Arbeitsbedingungen als die Malletloks der Baureihe 99^{59} und 99 6001. Die Vorräte waren mit 3 t Kohle und 8 m^3 Wasser für die Einsätze nach Hasselfelde und Eisfelder Talmühle ausreichend bemessen. Die Leistung der 99 222 reichte trotz der Haarrisse im Zylinder völlig aus, um die aus maximal vier vierachsigen Reisezug- und einem zweiachsigen Packwagen gebildeten Züge durch das Selketal zu schleppen.

Meist bespannte die Einheitslok die im Tag 1 der Est Gernrode zusammengefassten Zugläufe P 14461/14462/14454 nach Eisfelder Talmühe und P 14465/14466 nach Hasselfelde. Dabei legte die Lok täglich rund 173 km im Streckendienst zurück. Da die Maschine mit einer Saugluft- und einer Druckluftbremse ausgerüstet war, übernahm sie fallweise auch die Güterzüge mit Personenbeförderung (Gmp) sowie das abends verkehrende Zugpaar N 67043/67044 nach Harzgerode. Betrieblich war der Einsatz der 99 222 auf der Selketalbahn ein erheblicher Fortschritt. Die Schlepplastentafel sah für die Einheitslok

auf der Relation Gernrode–Silberhütte (Anhalt) eine maximale Zuglast von 160 t vor. Die Mallet-Maschinen und die 99 6001 hatten hingegen bereits bei 75 t ihre Grenzlast erreicht.
Doch der Einsatz der 99 222 auf der Selketalbahn währte nur wenige Monate. Bereits im Sommer 1987 stellten die Personale fest, dass sich die Traktionsleistung der Maschine immer weiter verschlechterte. Die Ursache war schnell gefunden: Die Schweißarbeiten am Zylinder erfüllten nicht die Erwartungen. Im Herbst 1987 hatten sich die Haarrisse zwischen Schieberkasten und Zylinderblock zu einem respektablen Riss entwickelt, so dass nun ständig Dampf austrat. Damit war das Ende der 99 222 in der Zugförderung besiegelt. Die Eisenbahner der Est Gernrode stellte die Einheitslok schweren Herzens am 9. November 1987 ab. Anschließend wurde die Maschine mit eigener Kraft nach Wernigerode überführt, wo sie noch einige Zeit als Dampfspender für die Werkstatt genutzt wurde (11.11.1987–17.04.1988).

Auch im Winter 1988/89 diente 99 222 als Heizlok in Wernigerode. Allerdings konnte die Maschine nicht mehr mit eigener Kraft bewegt werden, da der linke Zylinder abgebaut war. Alle Versuche, die Risse bei der Schweißtechnischen Versuchsanstalt in Wittenberge zu beseitigen, schlugen fehl. Ab April 1989 führte das Bw Wernigerode die Einheitslok als »warten auf Ausbesserung« (»w«), bevor sie ab 13. Juni 1989 im Raw Görlitz stand, wo sie zeitweise auch als Wärmespender genutzt wurde. Nach ihrer Rückkehr in den Harz (12.10.1989) wurde 99 222 am 13. Oktober 1989 in den Schadpark verfügt. Damit schien das Schicksal der technikgeschichtlich wertvollen Maschine besiegelt zu sein. Aber die politischen Umwälzungen der Jahre 1989/90 bewahrten die Einheitslok vor dem Schneidbrenner. Im Herbst 1990 wurde die Lok dem Raw Görlitz zugeführt, wo sie im Rahmen einer L6 (06.11.1990–25.04.1991) neue Zylinder erhielt. Seither gehört 99 222 zum Stammbestand der Est Wernigerode. In das Selketal kommt die Lok allerdings seither nur noch bei Sonderfahrten.

Mit Volldampf schleppte 99 7222-5 am 11. Juli 1987 den P 14465 nach Hasselfelde über die 1 : 30-Steigung zwischen Sternhaus-Haferfeld und Sternhaus-Ramberg. Die zulässige Höchstlast für die Lok betrug hier 160 t. *Foto: R. Heym*

Dr. Marcus Strässle

Doppeljubiläum

Im Herbst 2019 feiern die Steiermärkischen Landesbahnen das 125-jährige Bestehen der als »Murtalbahn« bekannten Strecke Unzmarkt–Murau–Mauterndorf. Der Club 760 »Verein der Freunde der Murtalbahn« wurde vor 50 Jahren gegründet.

Im Jahr 2019 kann die Murtalbahn der Steiermärkischen Landesbahnen (StLB) ihr 125-jähriges Jubiläum begehen. Die in nur 316 Tagen bzw. in 340.000 Tagwerken von über 1.000 hauptsächlich aus Italien stammenden Arbeitern in den Jahren 1893/94 errichte Schmalspurbahn mit 760 mm Spurweite verbindet vom Anschlussbahnhof Unzmarkt, an der Südbahn-Strecke Wien–Klagenfurt ausgehend, das obere Murtal mit den beiden Bezirkshauptorten Murau (Bezirk Murau / Steiermark) und Tamsweg (Bezirk Lungau / Salzburg), um nach 76,1 km Länge in Mauterndorf im Lungau am Fuße der Tauern ihren Endbahnhof zu erreichen. Die feierliche Eröffnung der Strecke erfolgte 8. Oktober 1894.

Aus der Geschichte der Murtalbahn

Zur Eröffnung der Murtalbahn wurden erstmalig die von der Lokomotivfabrik Krauss & Co. in Linz neu entwickelten und gebauten Dampflokomotiven der Reihe U – für Unzmarkt –an eine 760 mm-Schmalspurbahn ausgeliefert. Die Ingenieure von Krauss & Co. griffen dabei auf eine Entwicklung für die Steyrtalbahn zurück, die sie aber überarbeiteten. Die C1´n2t-Maschinen der Reihe U waren für eine Höchstgeschwindigkeit von 35 km/h zugelassen und hatten eine Leistung von etwa 200 PS. Die vier Lokomotiven für die Murtalbahn erhielten die Betriebs-Nr. U 8 »Teufenbach«, U 9 »Murau«, U 10 »Tamsweg« und U 11 »Mauterndorf«. Diese Maschinen bewährten

Die Dampfzugfahrten des Clubs 760 gehören heute zu den wichtigsten Touristenattraktionen im Murtal. Die auf den Namen »Maria Pfarr« getaufte 298.56 stand am 2. April 2018 mit einem Ostersonderzug in St. Andrä. Foto: Dr. M. Strässle

Die fünf Triebwagen VT 31–VT 35 bilden das Rückgrat im Personenverkehr auf der Murtalbahn. Am 3. Oktober 2018 stand einer aus den Triebwagen VT 35, VT 31 (hinten) und einem Wagen gebildeter Schülerzug in Murau. Foto: Dr. M. Strässle

sich auf der gebirgigen Schmalspurbahn außerordentlich gut, so dass in der Folge noch über 50 weitere Lokomotiven dieser Bauart für zahlreiche andere 760 mm-Schmalspurbahnen in Österreich-Ungarn gebaut wurden. Die kleinen, aber robusten Maschinen waren auch in Böhmen, an der Adria und in der Karpatho-Urkaine im Einsatz. Für die Murtalbahn wurde bereits 1897 eine fünfte Lok nachbestellt, die schließlich 1899 mit der Betriebs-Nr. U 7 und dem Namen »Turrach« in Dienst gestellt wurde, um den stetig steigenden Transport-Bedürfnissen gerecht zu werden. Bei der Streckeneröffnung standen 12 Personenwagen, 3 Gepäck-Postwagen und 90 Güterwagen zur Verfügung. Außer einem vierachsigen Salonwagen *»für allerhöchste Herrschaften«* war der gesamte Fahrzeugpark zweiachsig. Dieser Anfangsbestand an Personen- und Güterwagen musste in den Folgejahren bis zum Ersten Weltkrieg immer wieder erweitert werden, um die anstehenden Transporte abwickeln zu können. Im Frachtverkehr wurden alle Güter des täglichen Bedarfs transportiert, wobei land- und forstwirtschaftliche Erzeugnisse im Vordergrund standen. Die vielen Wälder im Bereich des oberen Murtals bescherten der Bahn damals praktisch eine Monopolstellung bei den Holztransporten – zum Leidwesen der bis dahin bestehenden Flößerei auf der Mur, die mit der Eröffnung der Schmalspurbahn zu Ende ging.

In den Jahren 1909 und 1913 folgten mit den Maschinen U 42 und U 43 – beide nun ohne Namen – nochmals zwei weitere Exemplare der bewährten Reihe U, womit vor dem Ersten Weltkrieg insgesamt 7 Dampfloks für die Zugförderung zur Verfügung standen. Während des Ersten Weltkriegs mussten einige Fahrzeuge der Murtalbahn für den Einsatz bei der kaiserlich-königlichen Heeresfeldbahn in anderen Regionen der Monarchie abgegeben werden. Die noch neuwertige Maschine U 42 kehrte nach dem Krieg nicht mehr ins Murtal zurück.

Zahlreiche offene Güterwagen, die vor allem für den Transport von Holz und Kohle genutzt wurden, erhielten in den 1920er-Jahren zusätzlich eine dritte Achse (Mittelachse). Dadurch konnte das Ladegewicht von 8 auf 10,5 t angehoben werden.

Die Betriebsführung auf der eigenständigen *»Aktiengesellschaft Murtalbahn Unzmarkt–Mautern-*

Die Diesellokomotiven der StLB bespannen auf der Murtalbahn meist Güterzüge. Die Diesellok VL 13 wartete am 19. Juli 2017 in St. Lorenzen ob Murau auf einen Personenzug, bevor sie ihre Fahrt fortsetzte. *Foto: Dr. M. Strässle*

dorf« oblag zunächst den kaiserlich-königlichen österreichischen Staatsbahnen (kkStB) und nach dem Zerfall der Monarchie den Deutschösterreichischen Staatbahnen bzw. Österreichischen Staatsbahnen (ab 21.11.1919) aus denen schließlich die Österreichischen Bundesbahnen (BBÖ) hervorgingen. 1921 übernahmen die Steiermärkischen Landesbahnen den Betrieb. Nach dem Anschluss Österreichs an das Deutsche Reich firmierten die StLB von 1938 bis 1945 als »Steiermärkische Gaueisenbahnen«. Die Aktiengesellschaft »Murtalbahn« wurde am 1. Juli 1942 vom Land Steiermark übernommen und formal aufgelöst.

Im Jahr 1926 wurde zur Verstärkung des Fahrzeugparks, vor allem für den Einsatz im schweren Güterzugdienst, die Eh2t-Maschine Kh 101 für die Murtalbahn beschafft. Bei dieser Maschine handelte es sich um den Nachbau der erstmals 1924 an die Vellachtalbahn gelieferten Lokomotive Kh 1 (ÖBB: 499.01). Die Reihen-Bezeichnung »Kh« stand für »Kühnsdorf« und »Heißdampf«.

Im Jahr 1933 beschafften die StLB von Austro-Daimler insgesamt sechs vierachsige schmalspurige Benzin-Triebwagen, von denen drei Exemplare mit den Betriebs-Nr. Vt/s 01, Vt/s 03 und Vt/s 06 zur Murtalbahn gelangten. Die Triebwagen Vt/s 02 und Vt/s 05 kamen zur Landesbahn Kapfenberg–Au/Seewiesen. Der Triebwagen Vt/s 04 wurde der Landesbahn Weiz–Ratten zugeteilt. Diese für ihre Zeit recht innovativen, aber technisch noch nicht ausgereiften Fahrzeuge brachten eine spürbare Modernisierung und Beschleunigung im Personenverkehr, der damit erstmalig vom Güterverkehr getrennt geführt werden konnte. Allerdings waren diese Triebwagen recht störanfällig und es kam wiederholt zu Unfällen. Es soll auch zu Ohnmachtsanfällen von Triebfahrzeugführern durch austretende Benzin-Dämpfe gekommen sein. Als Beiwagen für die Triebwagen der Murtalbahn wurden 1935 von Austro-Daimler die drei zuvor auf der Salzkammergut-Lokalbahn (SKGLB) eingesetzten Triebwagen TCa 652, TCa 654 und TCa 656 übernommen, wobei mit Sicherheit nur der Einsatz eines dieser drei Fahrzeuge in Murau nachgewiesen ist. Während des Zweiten Krieges waren dann die Triebwagen mangels Treibstoff abgestellt und kamen anschließend nie mehr als Motorfahrzeuge zum Einsatz. Von 1945 bis 1951 verkehrten zwei der sechs StLB-Triebwagen (ohne

Motoranlage) und einer der ehemaligen SKGLB-Beiwagen vorübergehend als Personenwagen hinter Dampfloks auf der Stainzer Lokalbahn zwischen Preding/Wieselsdorf und Stainz.
Während der Kriegsjahre kam es vereinzelt zum Tausch einzelner Dampflokomotiven auf den Strecken der Landes- bzw. Gaueisenbahnen. So wurden u.a. die Lokomotiven U 7 und U 8 von Murau nach Weiz überstellt und im Gegenzug kamen von dort die Maschine U 40 und der Fünfkuppler Kh 111 zur Murtalbahn. Die 1930 gelieferte Lok Kh 111 besitzt im Unterschied zur Kh 101 der BBÖ eine Ventilsteuerung der Bauart Caprotti, was die Beliebtheit dieses Einzelstücks in der Werkstätte nicht unbedingt positiv beeinflusste.
Ende des Jahres 1957 konnten von der am 30. September 1957 stillgelegten Salzkammergut-Lokalbahn fünf vierachsige Personenwagen (Baujahr 1928) übernommen werden, die in den Folgejahren nach einer Revision schrittweise mit den Betriebs-Nr. Ba 72–Ba 76 bei der Murtalbahn zum Einsatz gelangten. Die Wagen bildeten fortan – gemeinsam mit zwei weiteren, bereits in den 1940er-Jahren in eigener Werkstatt auf Güterwagen-Untergestellen gebauten, ähnlichen Vierachsern (Bia 70 und Bia 71) – die beiden Stamm-Garnituren für den Personenzugdienst. Die StLB setzten auf der Murtalbahn meist Güterzüge mit Personenbeförderung (Gmp) ein. Die vierachsigen Wagen brachten eine gewisse Modernisierung, waren doch bisher vor allem zweiachsige Personenwagen im Einsatz. Da sämtliche Züge nach wie vor mit Dampfloks bespannt wurden, suchte die StLB in den 1960er-Jahren nach neuen, leistungsfähigen Diesellokomotiven für die Murtalbahn.

Richtungsweisende Modernisierung

Nachdem die Österreichischen Bundesbahnen (ÖBB) 1958 mit der Vorstellung der von der Simmering-Graz-Pauker AG (SGP) entwickelten, 600 PS starken dieselhydraulischen Maschine der Reihe 2095 die Modernisierung bei einigen ihrer 760 mm-Schmalspurbahnen eingeleitet haben, forcierten auch die StLB ihre Bemühungen zur Ablösung der bis dahin eingesetzten Dampflokomotiven. Aufgrund des da-

Die Diesellok VL 22 stand am 27. Juni 2016 mit einem Kesselwagenzug im Bahnhof Murau. Die StLB erwarben diese und zwei weitere baugleiche Maschinen (VL 23 und VL 24) in Jugoslawien. *Foto: Dr. M. Strässle*

Der Bahnhof Mauterndorf ist heute der betriebliche Mittelpunkt der als »Taurachbahn« bezeichneten Museumsbahn Mauterndorf–St. Andrä. In den 1970er-Jahren standen die Güterwagen GG 459 alt und K 553 vor dem Bahnhofsgebäude in Mauterndorf.
Foto: P. Letule, Slg. Dr. M. Strässle

Im Bahnhof Murau wartete in den 1970er-Jahren eine ausschließlich aus zweiachsigen Wagen gebildete Garnitur auf ihren nächsten Einsatz. Besondere Beachtung verdient der rot lackierte Wagen Wr 51.
Foto: P. Letule, Slg. Dr. M. Strässle

Die Motordraisine X 22 der StLB stand in den 1970er-Jahren in Tamsweg.
Foto: P. Letule, Slg. Dr. M. Strässle

Die Diesellok VL 16 der StLB wartete in den 1970er-Jahren mit einem Personenzug im Bf Unzmarkt auf Reisende in Richtung Mauterndorf. Dank der zwischen 1965 und 1967 in Dienst gestellten Dieselloks VL 11–VL 16 konnten die StLB den planmäßigen Dampflokeinsatz beenden.
Foto: P. Letule, Slg. Dr. M. Strässle

Gemächlich rollte 1974 eine Diesellok der StLB mit einem Personenzug durch das Murtal.
Foto: P. Letule, Slg. Dr. M. Strässle

Am 22. Januar 1981 absolvierte der fabrikneue VT 31 seine Abnahmefahrt auf der Murtalbahn, hier im Bahnhof Murau.
Foto: Slg. Dr. M. Strässle

mals aber bei allen in Frage kommenden drei längeren 760 mm-Strecken der StLB noch vorhandenen, vergleichsweise leichten Oberbaus mit einer zulässigen Meterlast von nur 6,5 bis 7 t schied die Beschaffung der zugstarken, aber zu schweren Dieselloks der Reihe 2095 der ÖBB aus. Daher gaben die StLB eine etwas leichtere und ihren betrieblichen Belangen entsprechende Diesellok mit Mittelführerstand und elektrischer Kraftübertragung in Auftrag. Diese neue Diesellok-Type mit einer Leistung von rund 360 PS wurde von der Maschinenfabrik Zeltweg (mechanischer Teil) der Österreichischen Alpine-Montangesellschaft (ÖAMG) und Brown-Boveri & Cie. (elektrischer Teil) konstruiert. Zum 70-jährigen Jubiläum der Murtalbahn wurde 1964 der Prototyp, die Lok VL 11, vorgestellt. Die Maschine bewährte sich in der Praxis sehr gut und vermochte die an sie gestellten Erwartungen zu erfüllen. Die StLB gaben daher fünf weitere Lokomotiven, in Auftrag, die in den Jahren 1966/67 mit den Betriebs-Nr. VL 12–VL 16 in Dienst gestellt wurden. Die Maschinen VL 12, VL 13 und VL 16 gelangten zur Murtalbahn und übernahmen hier fortan den größten Teil der Traktionsaufgaben. Die Lokomotiven VL 14 und VL 15 leiteten auf der als »Feistritztalbahn« bezeichneten Strecke Weiz–Birkfeld den Traktionswechsel ein. Auf der Thörlerbahn Kapfenberg–Seebach/Thurnau kam ab 1968 der aus Murau übernommene Prototyp (VL 11) zum Einsatz. Auf allen drei Strecken konnten damit – bei Verfügbarkeit aller sechs Maschinen – die planmäßigen Leistungen im Personen- und Güterverkehr fortan mit Diesellokomotiven gefahren werden. Gleichwohl hielten die StLB für alle Strecken weiterhin mindestens zwei Dampflokomotiven als Reserve vor.

Dies erlaubte es, auf der Murtalbahn Bauzüge und Bedarfsgüterzüge mit den noch vorhandenen Dampfloks zu bespannen. Außerdem konnten so die Dampf-Bummelzüge in den Sommermonaten eingeführt werden.

Zeitgleich mit der Beschaffung der neuen Dieselloks leiteten die StLB auch eine schrittweise, über rund 20 Jahre andauernde Modernisierung des Güterwagenparks auf Murtalbahn ein. Dabei wurden insgesamt mehr als 220 Neubau-Güterwagen verschiedener Typen beschafft. Die zwei- und vierachsigen

Die Diesellok VL 13 pausierte am 2. Oktober 2018 vor dem Stationsgebäude des Bahnhofs Frojach-Katschtal. Die 1967 gebaute Maschine ist für eine Höchstgeschwindigkeit von 50 km/h zugelassen. *Foto: Dr. M. Strässle*

Am 19. Juli 2013 herrschte Hochbetrieb in der Werkstätte Murau der StLB. Die Triebwagen VT 31 und VT 33 (v.r.) warteten auf ihre Instandsetzung. Die Triebwagen haben eine zulässige Höchstgeschwindigkeit von 70 km/h. Foto: Dr. M. Strässle

Fahrzeuge entstanden nach den Plänen von Dipl.-Ing. Gerhard Mayr für die StLB vor allem bei der Franz Knotz KG in Wien und der SGP. Von diesen Wagen kamen rund 100 Exemplare auf der Murtalbahn zum Einsatz, die anderen vor allem in Kapfenberg und in geringerem Umfang auch in Weiz. Besondere Erwähnung verdient hier die Tatsache, dass diese Neubauwagen mehrheitlich als »Umbauten« getarnt aus eingekauften Komponenten (Rahmen, Achslager, Achsen, Bremsanlagen, etc.) in den eigenen Werkstätten in Murau und Kapfenberg montiert wurden. Damit ließen sich die mehr als 220 Wagen weitgehend am Rechnungshof des Landes Steiermark vorbei finanzieren, da eine Beschaffung von Neubau-Fahrzeugen in dieser Größenordnung möglicherweise auf politischen Widerstand gestoßen wäre. So aber wurden die Wagen Stück für Stück in Betrieb genommen und trugen anfänglich Betriebs-Nr. von bereits ausgemusterten älteren Fahrzeugen aus der Anfangszeit der Strecken. Erst nach Abschluss dieser großen Beschaffungsaktion führten die StLB für die Wagen in den 1980er-Jahren ein einheitliches, neues Nummernsystem mit entsprechenden, den Typen zugeordneten Nummern-Gruppen ein – eigentlich ein genialer Streich von Dipl.-Ing. Gerhard Mayr und seinen Mitarbeitern.

Im Laufe der Jahre entstand der Wunsch, den relativ langsamen Personenverkehr mit den gemischten Zügen, bei denen in vielen der Unterwegsbahnhöfe zeitintensive Rangierarbeiten durch das Ein- und Ausreihen von Güterwagen notwendig waren, zu trennen und zu beschleunigen. Da zu dieser Zeit – Ende der 1970er-Jahre – in Österreich keine zeitgemäßen Schmalspur-Dieseltriebwagen verfügbar waren, entwickelte der technische Leiter der Steiermärkischen Landesbahnen, Dipl.-Ing. Gerhard Mayr, in Zusammenarbeit mit der in Wien ansässigen Franz Knotz KG selbst einen neuen Triebwagen mit diesel-elektrischem Antrieb. Der erste der vier für die Murtalbahn bestellten Triebwagen der Serie VT 31–VT 34 wurde Ende des Jahres 1980 geliefert und begeisterte die Bevölkerung, die örtlichen Eisenbahner und die Fachwelt gleichermaßen. Auch der Verfasser erinnert sich noch gerne an die ersten Begegnungen mit diesem neuen Triebwagen in Murau, als 1981 vorerst nur ein Umlauf mit Triebwagen angeboten wurde und noch ein Mischbetrieb mit diesellokbespannten Zügen bestand. Die

Der aus dem Triebwagen VT 34 und dem Steuerwagen VS 44 gebildete Personenzug legte am 3. Januar 2013 in Stadl an der Mur einen kurzen Zwischenstopp ein. Die vier Steuerwagen (VS 41–VS 44) wurden 1992 beschafft. Foto: Dr. M. Strässle

vier Steuerwagen VS 41–VS 44 und der dazu passende vierachsige Bahnpost-Wagen DF 93 wurden 1982 ausgeliefert, so dass nun in der Regel zweiteilige Pendelzüge, bestehend aus einem Trieb- und Steuerwagen, gebildet werden konnten. Parallel dazu führten die StLB auf der Murtalbahn den Zugleit-Betrieb mit Funk ein, wobei von der Zugleitung in Murau fortan die Aufgaben der bis dahin auf den Bahnhöfen tätigen Fahrdienstleiter übernommen wurden.

Danach wurde in den frühen 1980er-Jahren der Grundfahrplan aus zwei Triebwagenzügen und einem weiterhin verkehrenden Gmp-Umlauf mit Diesellok gefahren, ergänzt durch weitere Güterzüge. Zu jener Zeit bestand noch ein reges Frachtaufkommen, das den Einsatz von mindestens zwei durchgehenden Güterzugpaaren erforderte.

Der Triebwagen-Verkehr wurde später noch weiter ausgebaut und auf einen Zweistunden-Taktverkehr verdichtet. Bis heute bestreiten diese Triebwagen den Reiseverkehr auf der Murtalbahn. Zur Verstärkung des Fahrzeugparks beschafften die StLB 1999 noch einen ähnlichen, fünften Triebwagen (VT 35), der jedoch von der Jenbacher Werke AG gebaut wurde. Insgesamt wurden von diesen auf der Konstruktion von Dipl.-Ing. Gerhard Mayr basierenden Triebwagen für die StLB, die Zillertalbahn und die ÖBB in Etappen zwischen 1980 und 1998/99 insgesamt 28 Triebwagen gebaut, welche maßgeblich zur Modernisierung und zum Erhalt der heute noch existierenden Schmalspurbahnen in Österreich beitrugen und nach wie vor beitragen.

Aktuell wird – aufgrund des inzwischen fast 40-jährigen Einsatzes der Triebwagen auf der Murtalbahn – eine baldige Ablösung notwendig. Eine Grundsatzentscheidung für den Weiterbestand der Schmalspurbahn ist inzwischen getroffen worden, nachdem längere Zeit auch von politischer Seite eine mögliche Umspurung des Abschnitts Unzmarkt–Murau auf Normalspur zur Debatte stand. Über die neuen Fahrzeuge – entweder Dieseltriebwagen oder gar eine Elektrifizierung der Murtalbahn – war Anfang 2019 noch nichts bekannt.

Nach der Einstellung der beiden StLB-Schmalspurbahnen Kapfenberg–Seebach/Thurnau (1998/99) und Weiz–Birkfeld (2015) wurden in den letzten Jahren zahlreiche der zuvor auf diesen Linien eingesetzten Güterwagen und auch die beiden aus den ehemals bosnischen Dieselloks 740-023 und 740-024 umgebauten StLB-Dieselloks VL 22 und

VL 23 von Weiz nach Murau umgesetzt. Damit standen Anfang 2019 auf der Murtalbahn folgende StLB-Fahrzeuge zur Verfügung:

- Dampflokomotiven: Stainz 2*, U 11, Bh 1, U 40*, U 43*
- Diesellokomotiven: VL 5, VL 13, VL 22, VL 23*
- Triebwagen: VT 31, VT 32, VT 33, VT 34, VT 35
- Baudienst-Draisine: X 52

Tradition und Nostalgie

Im Sommer 1968 wurden erstmals mit den noch vorhandenen Dampflokomotiven auf Anregung von Eisenbahnfreunden und örtlichen Tourismus-Verantwortlichen so genannte Dampf-Bummelzüge zwischen Murau, Tamsweg und Mauterndorf eingesetzt. Diese Dampfzüge waren ein voller Erfolg und wurden zum Teil auch von Reisebüros in ihre Angebote integriert, so dass diese Idee auch im Som-mer 1969 anlässlich des 75-jährigen -Jubiläums der Murtalbahn weitergeführt und durch die neu geschaffenen Amateur-Dampflokfahrten erweitert wurde. Zu diesem Zweck wurde 1968 die frühere Stamm-Dampflok Nr. 2 »Stainz« der StLB aus Stainz nach Weiz überstellt und dort einer Hauptausbesserung unterzogen. Dabei wurde die Lok Nr. 2 mit doppelter Regler-Anordnung im Sinne einer »Fahrschul-Lok« umgebaut. Damit konnte die Lok von sogenannten Amateur-Lokführern unter Anleitung und Aufsicht eines erfahrenen Berufseisenbahners gefahren werden. Dieses in Österreich erstmals geschaffene Angebot wurde ein voller Erfolg und die Amateur-Lokfahrten erfreuten sich einer derart großen Nachfrage, so dass neben dem kleinen Zweikuppler auch die beiden Dampfloks U 40 und U 43 sowie später dann auch die Maschinen Bh 1 und U 11 dafür genutzt wurden. Auch 50 Jahre später verkehren nach wie vor an einzelnen Wochentagen während der Sommermonate Dampfbummelzüge zwischen Murau und Tamsweg sowie auf Bestellung Amateurlok-Fahrten ab Murau. Die Angehörigen des Amateur-Lokführers können dabei in einem Personenwagen mitreisen. Später wurde diese Hobbylokführer-Idee auch von anderen

Anmerkung: * Fahrzeug ist nicht betriebsfähig abgestellt.

Für die Nostalgiezüge auf der Murtalbahn halten die StLB derzeit die betriebsfähigen Dampfloks Bh 1 (Krauss, Linz 1905) und U 11 (Krauss, Linz 1894) vor. Die Aufnahme zeigt die Bh 1 am 25. Juli 2017 im Bahnhof Murau. Foto: Dr. M. Strässle

Schmalspurstrecken in Österreich übernommen, u.a. ab 1974 mit dem bekannten »Hobbyzug« auf der Zillertalbahn.

Leider ist seit Anfang der 1990er-Jahre die kleine Dampflok Nr. 2 »Stainz«, das eigentliche Wappentier der StLB, in Murau kalt abgestellt. Eine Wiederinbetriebnahme scheiterte bisher weniger an den Kosten als vielmehr den vergleichsweise eingeschränkten Einsatzmöglichkeiten im Murtal. Für die Bespannung der Dampf-Bummelzüge ist die kleine Lok hinsichtlich ihrer Leistung zu schwach und nur für die Amateur-Lokfahrten allein lohnt sich die Vorhaltung einer eigenen Lok heute kaum. Dieses Angebot kann auf der Murtalbahn durch die beiden derzeit betriebsfähigen Dampfloks U 11 (Baujahr 1894) und Bh 1 (Baujahr 1905) mit abgedeckt werden. Insgesamt hat sich der Nostalgie-Verkehr der Murtalbahn aber seit 1968 sehr gut entwickelt und ist heute ein unverzichtbarer Bestandteil des touristischen Angebots im oberen Murtal. Durch das Mitführen von Gepäck- und Güterwagen für den Fahrrad-Transport bieten sich weitere Synergien, um auch Fahrrad-Touristen und Nutzer des Mur-Radwegs für eine Fahrt mit der Murtalbahn zu gewinnen.

Für die kommenden Jahre steht für die Murtalbahn die Beschaffung von neuen, dem Behinderten-Gleichstellungsgesetz entsprechenden Fahrzeugen an. In diesem Zusammenhang wird auch eine Umstellung der Schmalspurbahn auf den umweltfreundlicheren elektrischen Betrieb geprüft.

Club 760
Verein der Freunde der Murtalbahn

Anlässlich der Festwoche zum 75-jährigen Jubiläum der Murtalbahn im Sommer 1969 wurde in Murau durch einige dieser Bahn sehr verbundene Eisenbahnfreunde sowie mehrere aktive Eisenbahner der StLB und Einwohner von Murau der Club 760 als »Verein der Freunde der Murtalbahn« gegründet. Ursprünglich war dieser Verein als Unterstützung für die Verantwortlichen der Bahn beim weiteren Ausbau der gerade erst begonnenen Dampf-Bummelzug- und Amateurlok-Fahrten sowie bei der Fahrgast-Betreuung und bei der Organisation der Dampf-Bummelzüge und einzelner Sonderzüge gedacht. Doch bereits 1970 wurden vom Club 760 in Eigenregie einige bei den ÖBB und der Zillertal-

Vor dem Heizhaus in Murau standen am 2. September 2011 die StLB-Dampflokomotiven »Stainz 2« (Krauss, Linz 1892) und U 40 (Wiener Neustadt, 1909). Beide Maschinen sind derzeit nicht betriebsfähig abgestellt. Foto: Dr. M. Strässle

Seit dem Sommer 2018 gehört die fünffach gekuppelte Dampflok SKGLB 22 zum Fahrzeugpark der Taurachbahn. Die für Schmalspurbahnen imposante Lok absolvierte am 19. Juli 2018 ihre ersten Fahrten, hier in Mariapfarr. Foto: Dr. M. Strässle

bahn (ZB) ausgemusterte Personenwagen der so genannten Haubendach-Bauart übernommen. Vier dieser Fahrzeuge (Bi 31–Bi 34) waren die Keimzelle des in Stainz stationierten »Flascherlzuges«. Zwei weitere Fahrzeuge dienten als so genannte Wappenwagen (Bi 37 »Tamsweg« und Bi 38 »Stadt Murau«) auf der Murtalbahn zur Verstärkung der beliebten und an ihre Kapazitätsgrenzen gelangenden Bummelzüge. Ein weiterer Haupen-Wagen (ex Zillertalbahn / Salzkammergut-Lokalbahn) wurde nach 1974 an den Verein der Kärtner Eisenbahnfreunde (VKEF) für dessen Gurktalbahn abgegeben.

Nach der Beschaffung dieser ersten Wagen folgten wenig später – zu Beginn der 1970er-Jahre – die ersten vereinseigenen Dampflokomotiven. Zunächst wurden die Lok Nr. 6 »Thörl« aus Kapfenberg sowie die beiden bis dahin in Obergrafendorf abgestellten ÖBB-Maschinen 398.01 und 699.01 erworben und nach Murau überführt. Dort wurden die Fahrzeuge vorerst mit einem schwarzen Schutzlack versehen, damit sie erhalten werden konnten.

In den Folgejahren gelangten weitere Wagen und Lokomotiven vor allem den StLB aber auch von den ÖBB in den Besitz des Vereins, was den Wunsch nach einem eigenen Museum zur Unterstellung dieser Fahrzeuge aufkommen ließ. Der Club 760 konnte schließlich im Bereich des Bahnhofs Frojach-Katschtal der Murtalbahn ein der Diözese Graz-Seckau gehörendes Grundstück pachten und darauf eine dreigleisige Fahrzeughalle errichten. Diese ermöglichte es, einige der damals vorhandenen Lokomotiven und Wagen geschützt abzustellen.

Die von den StLB am 9. Juni 1980 verfügte Streckensperrung zwischen Tamsweg und Mauterndorf nahm der Club 760 zum Anlass, sich aktiv um die Erhaltung dieses Abschnitts der Murtalbahn zu bemühen. Schließlich gelang es nach längeren Verhandlungen mit den StLB, die Strecke Tamsweg–Mauterndorf pachtweise zu übernehmen. In den folgenden Jahren konnte durch freiwillige Arbeitseinsätze der Clubmitglieder die Strecke schrittweise überarbeitet und mit neuem oder noch brauchbarem, bei anderen Bahnen ausgebautem Gleis- und Schwellenmaterial modernisiert und wieder in einen betriebssicheren Zustand gebracht werden. Am 9. Juli 1988 konnten mit der vereinseigenen 699.01 die ersten Dampfzüge auf der nun »Taurach-Bahn« genannten Strecke Mauterndorf–

Die Lok 6 »Thörl« (Krauss, Linz 1893) war 1972 die erste Dampflokomotive des Clubs 760. Am 19. Juli 2013 war die Maschine auf der Taurachbahn bei Lintsching unterwegs. *Foto: Dr. M. Strässle*

St. Andrä verkehren und die erste Bummelzug-Saison eröffnet werden. Ab dem Herbst 1989 verstärkte die Dampflokomotiven 298.56 (ex Steyrtalbahn) den Fahrzeugpark auf der Taurach-Bahn. Seit mehr als 30 Jahren betreibt der Club 760 mit der Taurach-Bahn im Salzburger Lungau eine eigene Museumsbahn. Im Verlauf der Jahre konnte die Strecke weiter ausgebaut und der Bahnhof Mauterndorf als der betriebliche Mittelpunkt mit einem kompletten Ensemble aus Bahnhofsgebäude, Güterschuppen sowie zweigleisigem Heizhaus mit angebauter Remise für weitere Fahrzeuge der Nachwelt erhalten werden. Zusätzlich konnte in Mauterndorf eine größere, dreigleisige Fahrzeughalle zum Unterstellen der meisten für den Betrieb wichtigen Fahrzeuge und einiger musealer Lokomotiven und Wagen errichtet werden.

Die umfangreiche Fahrzeug-Sammlung des Clubs 760 ist über die Jahre ebenfalls stetig gewachsen und umfasst heute zahlreiche Dampf- und Diesellokomotiven mit den Schwerpunkten Salzkammergut-Lokalbahn, StLB und ÖBB. Es gibt aber auch einige interessante Einzelstücke, z.B. mehrere größere Dampf- lokomotiven aus dem früheren Jugoslawien. Von diesen Maschinen sind derzeit die Lok 83-076 an die Zillertalbahn, die Lok 73-019 an die Pinzgauer Lokalbahn der Salzburg AG und die Lok SKODA an die Schmalspurbahn Röwersdorf–Hotzenplotz in Tschechien verliehen. In Mauterndorf steht außerdem noch die von den rumänischen Waldbahnen stammende 764.219 »Draculinchen« – gebaut 1917 von der Firma Krauss & Co. in Linz – betriebsfähig zur Verfügung. Weitere Angaben zum Verein, dessen Geschichte und seinen Fahrzeugen sind im Internet unter *www.club760.at* und *www.taurachbahn.at* zu finden.

Jubiläumsfeiern 2019

Derzeit plant der Club 760, das 50-jährige Vereinsjubiläum vom 19. bis zum 21. Juli 2019 in Mauterndorf zu feiern. Dazu gehört u.a. ein Sonderfahrplan mit Mehrzug-Betrieb auf der Taurach-Bahn. Das detaillierte Programm wird rechtzeitig bekanntgegeben. Die Steiermärkischen Landesbahnen wollen hingegen das 125-jähige Bestehen der Murtalbahn am 11. und 12. Oktober 2019 (Freitag und Samstag) feiern.

Heinz Hofmann

Neue Schmalspurbahn-Modelle

Ferro-Train

H0e: Die Döllnitztalbahn GmbH stellte im Dezember 2018 einen Triebwagen für den Schüler- und Personenverkehr zwischen Oschatz und Mügeln vor (siehe S. 27 f.). Bei diesem Fahrzeug handelt es sich um einen Triebwagen der Reihe 5090 der Österreichischen Bundesbahnen (ÖBB), der 2001 von der Niederösterreichischen Verkehrsorganisationsgesellschaft (NÖVOG) als VT 15 übernommen wurde. Ferro-Train hat das Modell im Herbst 2018 auf der Internationalen Modellbahn-Ausstellung (IMA) in Köln vorgestellt und liefert es aktuell aus. Serienmäßig ist das Fahrzeug mit einer Digitalschnittstelle ausgestattet (Art.-Nr. H 90-DGB). Das Modell ist auch als Set mit Trieb- und Beiwagen erhältlich (Art.-Nr. H 90-SET). Der passende Beiwagen der Döllnitzbahn wird in Kürze ebenfalls als Modell verfügbar sein (Art.-Nr. 725-186).
Eine weitere, seit Kurzem erhältliche Formneuheit des österreicherischen Herstellers ist die vierachsige Diesellokomotive VL 13 der Steiermärkischen Landesbahnen (Art.-Nr. 204-313). Das Modell besitzt neben einem Mabuchi-Motor auch eine PluX16-Schnittstelle.
www.ferro-train.com

Lux-Modellbau

H0e/H0m: Was lange währt wird endlich gut! Nun ist er da, der Gleisstaubsaugerwagen für H0e (Art.-Nr. 9785) und H0m (Art.-Nr. 9725). Die Modelle sind mit der innovativen Steuerelektronik SSF-90 ausgestattet. »SSF« bedeutet, dass eine Start-Stopp-Funktion im Modell enthalten ist. Wird das Modell auf einem stromversorgten Gleis bewegt, schaltet sich die Reinigungstechnik ein, wenn es zum Stehen kommt wird die Reinigungstechnik abgeschaltet. Einsetzbar ist der Staubsaugerwagen auf analog wie auch digital betriebenen Anlagen. In Kürze sollen auch die Schienenschleifwagen sowie die techniklosen Maschinenwagen zur Auslieferung gelangen.
www.lux-modellbau.de

Ferro-Train: *Im Dezember 2018 stellte Ferro-Train das Modell des VT 137 515 der Döllnitzbahn in Oschatz vor. Passend zu dem Triebwagen wird auch der Beiwagen VB 187 801 ausgeliefert. Beide Fahrzeuge sind im Set erhältlich. Foto: Ferro-Train*

Lux-Modellbau: *Mit dem Gleisstaubsaugerwagen können nun auch die Schienen der H0m- und H0e-Anlagen gereinigt werden. Die Fahrzeuge sind mit der Steuerelektronik SSF-90 ausgerüstet.* *Foto: Lux-Modellbau*

MDS

Nm: Im Maßstab 1 : 160 liefert der württembergische Hersteller drei Modelle der RhB-Schmalspur-Ellok Ge4/4 II in Werbebedruckung aus. Die Modelle sind alternativ in analoger, digitaler und digitaler Ausführung mit Sound verfügbar. Bei den Neuheiten handelt es sich um die RhB-Loks Ge4/4 II 619 »Samedan« mit der Bedruckung »100 Jahre Bernina« (Art.-Nr. 60002), Ge4/4 II 630 »Trun« in der Ausführung »100 Jahre Chur-Disentis« (Art.-Nr. 60003) und Ge4/4 II 620 »Zernez« in der Sonderlackierung »100 Jahre Bever-Scuol« (Art.-Nr. 60004). Alle Modelle besitzen extra angesetzte Handgriffe aus Metall, geätzte

Ferro-Train: *Die vierachsige Diesellok VL 16 der Steiermärkischen Landesbahnen (StLB) dient meist als Reserve für den Güterverkehr in Weiz.* *Foto: Ferro-Train*

***MDS:** Für die Spurweite Nm liefert der Hersteller aus Baden-Württemberg drei neue Varianten der Schmalspur-Ellok Ge4/4 II der RhB aus, hier in der Bedruckung »100 Jahre Bernina«. Foto: MDS*

Umlaufbleche, ein geätztes Schutzgitter über der Widerstandsbremse und neben weiteren feinen Details auch einen Glockenankermotor.
www.mds-modell.eu

Die Modellbahnwerkstatt

H0: Neu im Sortiment ist der Bahnhof Straßberg (Harz). Das Vorbild dieses Modells steht im Selketal an der Strecke Alexisbad–Stiege der Harzer Schmalspurbahnen GmbH (HSB). Bis 1952 lautete der Stationsname »Lindenberg« und war ab 1949 nach dem Wiederaufbau der Selketalbahn Endstation. Erst ab 1984 verkehrten wieder Züge auf dem Abschnitt Straßberg–Güntersberge–Stiege.
Das Modell ist dreiteilig ausgeführt. Neben dem Empfangsgebäude (Art.-Nr. 1850) sind der Güterschuppen (Art.-Nr. 1851 und der passende Anbau (Art.-Nr. 1852) verfügbar. Alle drei Gebäudeteile können auch im Set (Art.-Nr. 1855) erworben werden. Die Bausätze werden aus mitteldichten Holzfaserplatten (MDF), Buchbinderkarton und hochwertigem Architekturkarton gefertigt. Die Fenster sind mehrschichtig ausgeführt; Dachteile und Mauerwerk wurden aufwändig graviert.
www.die-modellbahnwerkstatt.de

***MDS:** Diese Aufnahme zeigt die Ge4/4 II 630 »Trun« in der Ausführung »100 Jahre Chur-Disentis«. Foto: MDS*

***pmt:** Das Vorbild des gedeckten Güterwagens 97-53-03 wurde 1919 von der Sächsischen Waggonfabrik Werdau für die Heeresfeldbahnen gebaut und war ab 1920 in der Prignitz im Einsatz.* *Foto: pmt*

pmt

H0e: Gleich drei Neuheiten rollen aus Thyrow zu den Händlern. Werner Hammer liefert aktuell den vierachsigen O-Wagen ohne Heberlein-Bremse in brauner Lackierung und Epoche II-Beschriftung (DRG) aus (Art.-Nr. 5-4424). Bei den Personenwagen ist der vierachsige Traglastenwagen 2. Klasse mit Aluminiumrahmenfenstern (Art.-Nr. 5-2408) ab sofort erhältlich. Diese beiden Fahrzeuge hatte Werner Hammer bereits im Jahr 2016 angekündigt. Um eine Neuheit aus dem Jahr 2018 handelt es sich beim vierachsigen gedeckten Güterwagen der Bauart GGw in Epoche III-Bedruckung für das Prignitzer Schmalspurnetz (Art.-Nr. 5-4501).
www.pmt-modelle.de

***pmt:** Auch der vierachsige Personenwagen 970-856 war auf den Schmalspurbahnen der Prignitz (ab ca. 1948) im Einsatz. Mitte der 1950er-Jahre erhielt das Fahrzeug eine neue Blechverkleidung. Der Dachaufsatz entfiel.* *Foto: pmt*

***Tillig:** Neben der Ausführung als VT 133 522 der DR liefert Tillig den kleinen zweiachsigen Triebwagen auch in der Blau lackierten Variante der Mittelbadischen Eisenbahn AG. Foto: Tillig*

Schmalspurbedarf Frank Tümmeler

H0e: Frank Tümmeler liefert aktuell die von der Firma Veit produzierte Schmalspur-Schlepptender-Dampflokomotive der Typs HF 210 E »Aquarius C« / Lok 22 des Clubs 760 aus. Das Modell zeigt den Zustand in der Epoche VI, wie sich die Maschine während ihres Einsatzes im Sommer 2018 bei der Pinzgauer Lokalbahn zeigte (siehe Bild S. 40), also in Blau, Schwarz und Rot. Das H0e-Fertigmodell besteht aus Weißmetall, besitzt einen Faulhaber-Motor, eine digitale Vorbereitung mittels Lötpunkten und Bügelkupplungen (Art.-Nr. 71053 PLB). Diese Modellausführung ist exklusiv nur beim Schmalspurbedarf erhältlich.
www.schmalspurbedarf.de

Tillig

H0m: Bei Erscheinen dieses Bandes ist auch der zweiachsige Schmalspur-Triebwagen T1 der ehemaligen Gernrode-Harzgeroder Eisenbahn-Gesellschaft (GHE) in der Ausführung als VT 133 522 der Deutschen Reichsbahn (DR) in der Epoche III verfügbar. Dieses Fahrzeug wurde 1933 von der Waggonfabrik Dessau gefertigt und zählt noch heute zum Bestand der Harzer Schmalspurbahnen GmbH (HSB). Das vorbildgerecht als VT 133 522 bedruckte Modell ist mit einer Next 18-Schnittstelle versehen. Auf den ursprünglich vorgesehenen Onboard-Decoder wurde herstellerseitig verzichtet (Art.-Nr. 02940).
www.tillig.com

***Schmalspurbedarf / Veit:** Die Lok »Aquarius C« vertreibt Frank Tümmeler exklusiv in der Version als Lok 22 des Clubs 760 in der aktuellen blau-schwarz-roten Lackierung. Außerdem ist das Modell als Sonderserie der Firma Veit in der grün-schwarzen Lackierung als Jagsttalbahn-Variante (1986–1989) erhältlich. Foto: Werkbild*

Wolfgang Clössner, Carsten Gussmann

Die Rhein-Sieg Eisenbahn

280 Seiten mit 53 Farb- und 382 S/W-Aufnahmen, 98 Fahrzeugzeichnungen, 108 Gleisplänen, 56 sonstigen Zeichnungen und 38 Faksimiles; 210 x 297 mm; gebunden; 39,90 EUR (D); Lok Report-Verlag GmbH Berlin

ISBN 978-3-935909-20-4

Die Rhein-Sieg Eisenbahn-AG (RSE), die bis 1921 als Brölthaler Eisenbahn-AG firmierte, war die älteste öffentliche Schmalspurbahn in Deutschland mit der heute ungewöhnlichen Spurweite von 785 mm. Die Geschichte des Unternehmens begann am 27. Mai 1862 mit der Eröffnung der als »Bröltalstrecke« bezeichneten Pferdebahn Hennef–Ruppichteroth, die in erster Linie für den Transport von Eisenerz aber auch Kalk, Holz und Kohle benötigt wurde. Am 25. April 1863 fuhr schließlich die erste Dampflokomotive durch das Bröltal. Mit dem Rückgang der Erztransporte ab Ende der 1860er-Jahre plante die Brölthaler Eisenbahn, ihre Stammstrecke nach Waldbröl zu verlängern, um damit neue Verkehrspotenziale zu erschließen. Nach der Eröffnung des Abschnitts Ruppichteroth–Waldbröl am 6. September 1870 baute das Unternehmen ab 1891 sein Streckennetz kontinuierlich aus. So entstand bis zum Herbst 1902 ein rund 90 km langes Schmalspurnetz im Siebengebirge und im Bergischen Land, das von Bonn bis Siegburg, Waldbröl, Asbach und Rostingen reichte.

Die RSE gehörte hinsichtlich Technik und Betrieb zu den Pionieren unter den deutschen Schmalspurbahnen. Das Unternehmen, dessen Anteile zum Schluss alle von der Basalt-AG in Linz am Rhein gehalten wurden, musste stets Gewinne erwirtschaften. Daher eröffneten die RSE bereits am 1. Februar 1925 die ersten Omnibus-Linien, um damit zum einen das eigene Angebot zu verbessern bzw. schwach ausgelastete Züge zu ersetzten und zum anderen, um Konkurrenz im eigenen Verkehrsgebiet zu verhindern. Außerdem bot die RSE mit ihren Omnibussen Ausflugsfahrten an. Damit entwickelte sich die RSE im Laufe der Zeit zu einem der größten Busunternehmen in der Region. Um den Eisenbahn-Betrieb zu rationalisieren, beschaffte die RSE u.a. in den 1930er-Jahren Triebwagen für den Personenverkehr. Für den Güterverkehr standen leistungsfähige Dampfloks von Borsig und Jung zur Verfügung, von denen einzelne nach dem Zweiten Weltkrieg mit einer Ölhauptfeuerung ausgerüstet wurden. Allerdings verlor der Schienenverkehr ab Ende der 1940er-Jahre deutlich an Bedeutung. Bereits 1951 begann die RSE damit, den Personenverkehr auf der Schiene einzustellen. Bereits am 1. August 1956 fuhr der letzte Reisezug auf dem Abschnitt Hennef–Asbach. Der letzte Güterzug der RSE verkehrte am 17. Mai 1967 zwischen dem Steinbruch Eudenberg und Beuel. Gleichwohl geriet die RSE nie in Vergessenheit. Einzelne Fahrzeuge, wie die imposante Lok 53, blieben erhalten. Die Maschine erinnert seit dem Jahr 2000 im Eisenbahnmuseum in Asbach an die RSE.

Wolfgang Clössner und Carsten Gussmann, die das RSE-Museum aufgebaut haben, schließen mit ihrem opulent illustrierten Werk eine Lücke in der Schmalspurbahn-Literatur. Nach mehr als 30 Jahren Sammeln und Recherchieren legen die Autoren ein Buch vor, das Maßstäbe setzt. Sie dokumentieren nicht nur detailliert die Entwicklung der RSE sowie deren Infrastruktur, Betriebsablauf und Fahrzeuge, sondern beschreiben auch die angeschlossenen Basaltbrüche und die als »Heisterbacher Talbahn« bezeichnete Strecke Niederdollendorf–Grengelsbitze, die die RSE ab 1895 gepachtet hatte und später erwarb. Auch die Geschichte des Kraftverkehrsbetriebs der RSE wird detailliert beschrieben. Dieses Kapitel steuerte Volkhard Stern bei. Damit entstand ein Buch, das ein Muss für jeden Schmalspurbahn-Freund ist.

Dirk Endisch

Ludger Kenning, Wolfgang Löckel
Mosbach – Mudau
Mit der Schmalspurbahn in den Odenwald
320 Seiten mit 193 Farb- und 257 SW-Fotos sowie
84 Skizzen; 20 Tabellen; 1 DVD (55 Minuten)
25 x 21 cm; gebunden; 54,95 EUR (D)
Verlag Kenning, Nordhorn
ISBN 978-3-944390-11-6

Ende November 2018 ist das schon länger erwartete, neue und umfassende Buch zur 1.000 mm-Schmalspurbahn Mosbach–Mudau, eröffnet im Juni 1905 und stillgelegt im Mai 1973, im Verlag Kenning erschienen. Gemeinsam mit Wolfgang Löckel als Co-Autor ist es Ludger Kenning – unterstützt von einem ganzen Team von Mitarbeitern – einmal mehr gelungen, eine umfangreiche und akribische Monographie zur wechselhaften Geschichte der Strecke und der Fahrzeuge des von Mosbach ausgehenden »Odenwald-Express« zusammenzustellen.

Es werden die Hintergründe des Baus dieser meterspurigen Nebenbahn, der Personen- und der Güterverkehr im Laufe der Jahrzehnte und der langsame Niedergang durch den aufkommenden Individualverkehr bzw. die schrittweise Verlagerung der Transportaufgaben von der Schiene auf die Straße beschrieben. Erfreulich sind die vielen aus Archiven geholten historischen Fotos, Pläne und Dokumente aus allen Zeitabschnitten, u.a. vom Bahnbau und den frühen Betriebsjahren, der Zeit der beiden Kriege und Nachkriegsjahre, die neben einer Strecken-Bereisung auch eine spannende Zeitreise in die ersten sieben Jahrzehnte des vorigen Jahrhunderts bei der Odenwald-Bahn erlauben. Beispielhaft aus der letzten Betriebszeit der Bahn wird die in den Jahren 1964 mit der Inbetriebnahme von zwei neuen Dieselloks V 52 901 und V 52 902 und 1965 durch fünf neue vierachsige Reisezugwagen unter Verwendung von Bauteilen aus dem damaligen Programm der normalspurigen DB-Umbauwagen erfolgte Modernisierung detailliert beschrieben. Unter den im Buch beschriebenen Wagen verdienen beispielsweise die »Gastarbeiter«, z.B. der aus dem Elsass stammende Holzkasten-Vierachser »015« oder die beiden nur kurz verwendeten Stahlkasten-Personenwagen »0127« und »0128« (ex Strecke Nagold–Altensteig), besondere Beachtung. Der Umstand, dass damals zwar neue Fahrzeuge beschafft wurden, welche aber fortan werktags nur noch je ein fahrplanmäßiges Personen- und ein Güterzugspaar ermöglichten, stimmt auch heute noch nachdenklich.

Die umfangreiche Darstellung der Geschichte der auf dieser Bahn eingesetzten Dampf- und Diesellokomotiven, der Personen-, Gepäck- und Güterwagen sowie auch der schmalspurigen Rollwagen zum Transport der Normalspur-Güterwagen nach Mudau lässt kaum Fragen offen und hebt dieses spannende Buch sowohl von der vor Jahren ebenfalls im Kenning-Verlag publizierten, vergleichsweise kompakten Erstauflage aus dem Jahr 1993 als auch vom kürzlich im EK-Verlag erschienenen, kleinformativen »Bilder-Buch« zu dieser Bahn deutlich ab. Wer sich mit dieser reizvollen und leider bereits seit 45 Jahren aus dem Strecken-Netz der Deutschen (Bundes-) Bahn verschwundenen Schmalspur-Strecke intensiver befassen möchte oder gar über den Nachbau einzelner Ausschnitte im Modell nachdenkt, dem wird empfohlen, sich dieses Buch zu beschaffen. Der Leser wird mit vielen spannenden Stunden der Lektüre belohnt. Und wer auch noch bewegte Bilder wünscht, dem wird durch die beigelegte DVD aus dem RIO-GRANDE-Verlag noch eine weitere Reise in die Bahngeschichte geboten. Zusammenfassend ein – eigentlich wie immer aus dem Verlag Kenning – hervorragend recherchiertes und mit Sachverstand zusammengestelltes, schönes Buch, welches ein Stück Verkehrsgeschichte dokumentiert und ohne Einschränkung empfohlen werden kann. Es ist sein Geld wert!

Dr. Markus Strässle

Michael Kelm

Neoplan auf Schienen
Die Auwärter-Trieb- und Beiwagen

122 Seiten mit ca. 130 Farb- und S/W-Aufnahmen
170 x 240 mm; gebunden; 19,99 EUR (D)
Sutton Verlag GmbH, Erfurt
ISBN 978-3-96303-041-3

Bei den Begriffen »Neuplan« und »Auwärter« denken die meisten Eisenbahnfreunde an Omnibusse. Fast in Vergessenheit geraten ist hingegen, dass die einst in Stuttgart-Möhringen ansässige Firma »Gottlieb Auwärter Karosseriebau« zwischen 1954 und 1970 in Zusammenarbeit mit der Württembergischen Nebenbahnen AG (WÜNA), der Württembergischen Eisenbahn-Gesellschaft (WEG) und der Mittelbadischen Eisenbahn AG (MEG) insgesamt 42 Trieb-, Steuer- und Beiwagen auf alten Rahmen neu aufbaute. Die meisten Fahrzeuge waren zwar regelspurig, doch mit den Steuer- bzw. Beiwagen VS 150, TA 1/3, B 6/7 und VB 253/254 sowie den Triebwagen T 33 und T 34, der WÜNA bzw. WEG gab es auch einzelne Schmalspurfahrzeuge. Nach einer kurzen Einleitung zur Geschichte der Firma Auwärter und dem Triebwagenbau in Stuttgart-Möhringen werden alle 42 Fahrzeuge in so genannten Steckbriefen kurz vorgestellt. Zu einzelnen Wagen gibt es Zeichnungen, die jedoch nicht immer überzeugen können. Ein Extrakapitel ist dem betriebsfähigen T 33 der Härtsfeld-Museumsbahn gewidmet. Wer sich für dieses interessante Thema interessiert, bekommt mit diesem Buch einen guten Überblick. *Dirk Endisch*

Außerdem sind erschienen:

Dietmar Franz, Rainer Heinrich
Die Schmalspurbahn Gera-Pforten–Wuitz-Mumsdorf und der Güterverkehr auf der Geraer Straßenbahn
352 Seiten mit 150 Farb- und 500 S/W-Aufnahmen; 223 x 297 mm; gebunden; 59,95 EUR (D); ISBN 978-3-8375-2029-3; VGB / Klartext Verlagsgesellschaft Essen.

Roland Hertwig, Rölf Löttgers
Wismarer Schienenbus – Das »Schweineschnäuzchen«
EK-Special 129; 100 Seiten mit 168 Fotos sowie 25 Zeichnungen und Faksimiles; 210 x 297 mm; Broschur (Klebebindung); 12,50 EUR (D); ISBN 978-3-8446-7022-6; EK-Verlag Freiburg.

Ludger Kenning
Kleinbahnreise durch die Prignitz
2., überarbeitete Auflage; 480 Seiten mit 421 Farb- und 344 S/W-Aufnahmen sowie 109 Skizzen; 53 Tabellen; 250 x 210 mm; gebunden; 58,95 EUR (D); ISBN 978-3-944390-09-3; Verlag Kenning Nordhorn.

Dr. Stefan Lueginger
Lexikon der österreichischen Schmalspur-Triebfahrzeuge
144 Seiten mit 185 Farb- und 4 S/W-Aufnahmen; 170 x 240 mm; gebunden 28,00 EUR (D); ISBN 978-3-945336-10-6; Verlag Ingrid Zeunert Gifhorn.

Reiner Preuß
Schmalspurbahnen in Sachsen
160 Seiten mit 169 Farb- und 97 S/W-Aufnahmen, 60 Zeichnungen und 2 Karten; 230 x 265 mm; gebunden; 29,90 EUR (D); ISBN 978-3-613-71571-4; transpress Verlag Stuttgart.

Wilfried Rettig
DR-Schmalspurbahnen 1965–1990. Ein Vierteljahrhundert: Zahlen, Daten, Fakten
304 Seiten mit 32 Farb- und 493 S/W-Abbildungen; 210 x 297 mm; gebunden; 49,90 EUR (D); ISBN 978-3-8446-6412-6; EK-Verlag Freiburg.

Vorschau

Nach der Wende in der DDR und der deutschen Wiedervereinigung brach in den Jahren 1989/90 der **Güterverkehr auf den sächsischen Schmalspurbahnen** förmlich zusammen. Dieter Riehemann hat Anfang der 1990er-Jahre den verbliebenen Güterverkehr auf den Strecken Oschatz–Mügeln–Kemmlitz, Cranzahl–Kurort Oberwiesenthal, Freital-Hainsberg–Kurort Kipsdorf, Radebeul Ost–Radeburg und Zittau–Olbersdorf-Oberdorf dokumentiert – eine Zeitreise zu den letzten dampflokbespannten Güterzügen auf 750 mm-Spurweite.

Auhagen lieferte Anfang 2019 den H0-Bausatz für den **Raupendrehkran des Typs RK 3** aus. Der auch als »Bleichert-Kran« bezeichnete RK 3 wurde zwischen 1953 und 1965 in mehreren Varianten gebaut. Die Deutsche Reichsbahn (DR) nutzte den RK 3 u.a. in kleineren Bahnbetriebswerken und Lokbahnhöfen zum Bekohlen der Dampfloks. Bis heute sind einige RK 3 bei den Schmalspurbahnen an der Ostsee, im Harz und in Sachsen im Einsatz. Mehr über die Geschichte und die Technik des RK 3 und sein Modell im Maßstab 1 : 87 erfahren sie in der nächsten Ausgabe.

Fotos: Dieter Riehemann, Dirk Endisch

zeunert's Schmalspur Bahnen

Band 44
ISBN 978-3-947691-44-9

Gegründet 1984 von:
Wolfgang Zeunert
Herausgeber:
Dirk Endisch

Mitarbeiter dieser Ausgabe:
Klaus-Dieter Baedermann, Guus Ferrée, Severin Ferrée, Gernot Gattermann, Thomas Haberl, Rudolf Heym, Heinz Hofmann, Michael Klaus, Niels Kunick, Dr. Stefan Lueginger, Gunter Mackinger, Martin Raddatz, Thomas Oberkalmsteiner, Dieter Riehemann, Hans-Bernhard Schönborn, Dr. Markus Strässle

Verlag Dirk Endisch
Yorckstraße 12 A, 39576 Stendal
Telefon: 03931 / 495 991 • Fax: 03931 / 495 992
E-mail: Dirk.Endisch@t-online.de
ZEUNERT'S SCHMALSPURBAHNEN
Erscheinungsweise: 1–2 Bände im Jahr.

Gedruckt bei
Salzland Druck GmbH & Co. KG
39418 Staßfurt
Printed in Germany

Reihe »Edition Fahrzeug-Chronik«

Fahrzeug-Chronik Band 1

96 S.; 38 Tab.; 55 Abbild.; fadengeheftete Broschur; 170 x 240 mm; 12,50 EUR (D); ISBN 978-3-936893-00-7

Die Baureihe $44^{Öl}$ der DR / Die Dampfloks der Baureihe 99^{464} / Die Geschichte der Ölhauptfeuerung / Die Dampflok 18 314 / Die letzten Altbau-01er der DR / Die Baureihe 41 im Bw Güsten

Fahrzeug-Chronik Band 2

96 S.; 46 Tab.; 54 Abbild.; fadengeheftete Broschur; 170 x 240 mm; 12,50 EUR (D); ISBN 978-3-936893-01-4

Die Baureihe 03^{10} der DR / Die Baureihe 84 / Die »Ballerina« – der Lebenslauf der 99 6001 / Die letzten Dampfloks der Baureihe 86 der DR / Diesellokomotiven auf der Rübelandbahn

Fahrzeug-Chronik Band 3

96 S.; 46 Tab.; 54 Abbild.; fadengeheftete Broschur; 170 x 240 mm; 12,50 EUR (D); ISBN 978-3-936893-05-2

Die Baureihe 119 der DR / Die Baureihe 99^{73-76} / Windleitbleche – Entwicklung und Funktion / Deutschlands letzte Dampflok – die 50 3559 / Die Baureihe 03 in der Rbd Magdeburg

Fahrzeug-Chronik Band 4

96 S.; 37 Tab.; 63 Abbild.; fadengeheftete Broschur; 170 x 240 mm; 12,50 EUR (D); ISBN 978-3-936893-06-9

Die Baureihe 43 / Die Rangier-Diesellokomotiven der Baureihe V 15 der DR / Eine Nummer und doch zwei Loks – die 99 4511 / Die Baureihe 41 im Bw Oebisfelde

Fahrzeug-Chronik Band 5

96 S.; 37 Tab.; 57 Abbild.; fadengeheftete Broschur; 170 x 240 mm; 12,50 EUR (D); ISBN 978-3-936893-15-1

Das Reko- und Generalreparaturprogramm der DR / Die Schmalspurloks der Baureihe 99^{480} / Stromlinie, Bremslok und Museumsstück – die 03 1010 / Die Baureihe 50^{35} im Bw Halberstadt

Fahrzeug-Chronik Band 6

96 S.; 34 Tab.; 57 Abbild.; fadengeheftete Broschur; 170 x 240 mm; 12,50 EUR (D); ISBN 978-3-936893-16-8

Die TIERKLASSE der Halberstadt-Blankenburger Eisenbahn / Die Diesellokomotiven der Baureihe V 60^{10} der DR / Die 99 1401 und ihre Schwestermaschinen der Gattung »Gr«

Fahrzeug-Chronik Band 7

96 S.; 49 Tab.; 50 Abbild.; fadengeheftete Broschur; 170 x 240 mm; 12,50 EUR (D); ISBN 978-3-936893-17-5

Die Baureihe 91^{19} und die Loks der provinzialsächsischen Kleinbahnen (Baureihe 91^{640}) / Die Schmalspurdampfloks der Baureihe 99^{463} / Die Baureihe 52^{80} im Bw Haldensleben / Die letzten Altbau-50er der DR

Fahrzeug-Chronik Band 8

96 S.; 62 Tab.; 43 Abbild.; fadengeheftete Broschur; 170 x 240 mm; 12,50 EUR (D); ISBN 978-3-936893-18-2

Die Baureihe 94^{19-21} (ex sächsische XT HT) / Die Schmalspurdampfloks der Baureihe 99^{465} / Die Baureihe 86 auf der ehemaligen Halle-Hettstedter Eisenbahn

Fahrzeug-Chronik Band 9

96 S.; 96 Tab.; 57 Abbild.; fadengeheftete Broschur; 170 x 240 mm; 12,50 EUR (D); ISBN 978-3-936893-18-2

Die Baureihe 42 bei der DR / Die 1´C1´h2-Tenderloks der Kleinbahnabteilung Merseburg (Baureihe 75^{66} der DR) / Prignitzer »Schweineschnäuzchen«: VT 133 524 und VT 133 525 / Die letzten Altbau-52er der DR

Fahrzeug-Chronik Band 10

96 S.; 19 Tab.; 59 Abbild.; fadengeheftete Broschur; 170 x 240 mm; 12,50 EUR (D); 978-3-936893-20-5

Die Baureihe 23^{0} der Deutschen Reichsbahn / Die Schmalspur-Dieselloks des Typs V 10 C / Die 91 6580 der Deutschen Reichsbahn / Die Baureihe 24 bei der Deutschen Reichsbahn

Erhältlich im Buchhandel oder direkt beim Verlag!

Verlag Dirk Endisch
Yorckstraße 12a, 39576 Stendal
Telefon: 03931 / 495991 ● Fax 03931 / 495992 ● E-Mail: Dirk.Endisch@t-online.de

Bücher für Schmalspurbahn-Fans

Dirk Endisch

Einheitsloks für Schmalspurbahnen

Die Baureihen 99^{22}, 99^{32} und 99^{73-76}

272 Seiten mit 116 Tabellen, 172 Abbildungen und 29 Zeichnungen; 170 x 240 mm; gebunden; 32,50 EUR (D); ISBN 978-3-936893-14-4

Mit den Einheits-Dampfloks modernisierte die Deutsche Reichsbahn-Gesellschaft (DRG) in den 1920er- und 1930er-Jahren ihren Fahrzeugpark. Obwohl ursprünglich gar nicht vorgesehen, beschaffte die DRG auch für ihre Schmalspurbahnen drei Typen. In diesem Buch werden Geschichte, Technik und Einsatz der Baureihen 99^{22}, 99^{32} und 99^{73-76} ausführlich dargestellt.

Dirk Endisch

Mallet-Lokomotiven des Harzes

Die Geschichte der Gelenk-Maschinen der NWE, GHE und SHE

2., ergänzte und erweiterte Auflage; 176 Seiten mit 55 Tabellen, 16 Zeichnungen und 124 Abbildungen; 170 x 240 mm; gebunden; 25,00 EUR (D); ISBN 978-3-936893-76-2

Das Buch beschreibt anhand zahlreicher Fotos, Zeichnungen und Tabellen ausführlich Geschichte, Technik und Einsatz der Mallet-Lokomotiven des Harzes. Kapitel über die als Ablösung für die Gelenkloks konzipierte 99 6001 sowie die häufig auf der Selketalbahn als Ersatz für die Baureihe 99^{590} eingesetzten 99 6101 und 99 6102 ergänzen das Buch.

Dirk Endisch

Baureihe 99^{480}

Die 1´D-Maschinen der Kleinbahnen des Kreises Jerichow I

64 Seiten mit 21 Tabellen, 2 Zeichnungen und 39 Abbildungen, davon 11 in Farbe; 170 x 240 mm; fadengeheftete Broschur; 9,00 EUR (D); ISBN 978-3-936893-24-3

Zu den bekanntesten Schmalspurloks gehören 99 4801 und 99 4802. Die Henschel & Sohn GmbH lieferte die Maschinen 1938/39 an die Kleinbahnen des Kreises Jerichow I (KJ I). Nach der Stilllegung der ehemaligen KJ I kamen die Loks 1965 zum »Rasenden Roland«, wo sie bis heute im Einsatz sind. Die Broschüre dokumentiert Entwicklung, Technik und Einsatz der beiden Loks.

Dirk Endisch

Das Bahnbetriebswerk Jerichow

176 Seiten mit 79 Tabellen, 170 Abbildungen und 10 Gleisplänen; 170 x 240 mm; gebunden; 26,00 EUR (D); ISBN 978-3-936893-59-5

Das Bw Jerichow gehörte zu den kleinsten Dienststellen bei der Deutschen Reichsbahn. Es entstand 1950 aus der Werkstatt der Genthiner Eisenbahn. Erst 1993 verlor Jerichow seine Selbstständigkeit und wurde eine Einsatzstelle des Bw Stendal. 1999 wurde die Einsatzstelle Jerichow geschlossen. Das Buch schildert die Geschichte und den Lokeinsatz des Bw Jerichow sowie seiner Außenstellen in Burg (b. Magdeburg), Görzke, Milow, Sandau und Ziesar.

Erhältlich im Buchhandel oder direkt beim Verlag!

Verlag Dirk Endisch
Yorckstraße 12a, 39576 Stendal
Telefon: 03931 / 495991 ● Fax 03931 / 495992 ● E-Mail: Dirk.Endisch@t-online.de